AF617474

VERBUM TEATRO

LA TRAGEDIA DE LADY MACBETH

colección **Teatro**

Dirigida por: José Romera Castillo

Textos dramáticos de autores universales, hispanoamericanos y españoles, así como estudios sobre el teatro como género. Entre las figuras más significativas que se han publicado en la colección, destacan: Tirso de Molina, Miguel de Cervantes, Pedro Calderón de la Barca, Félix Lope de Vega, José Triana, León Febres-Cordero, José Abreu Felippe, Ricardo Lobato, José Rodríguez Richart, Elba Andrade, Hilde Cramsie, Jesús González Maestro, Choi In-Hun, Federico García Lorca, Enrique Jardiel Poncela, entre otros.

WILLIAM SHAKESPEARE

LA TRAGEDIA DE LADY MACBETH

Título original: *The Tragedy of Macbeth*, 1606
Traducción: José García de Villalta, 1838

Tr.ª Sierra de Gata, 5
La Poveda (Arganda del Rey)
28500 Madrid
Teléf.: (+34) 910 46 54 33
e-mail: info@editorialverbum.es
https://editorialverbum.es

I.S.B.N.: 978-84-1136-756-1

Diseño y maquetación: Iván García Molinero
Preimpresión: Adrians Esquivel Romero
Printed in Spain / Impreso en España

Este libro ha sido impreso con papel ecológico procedente de bosques sostenibles.

ÍNDICE

Dramatis Persona

DUNCAN	*Rey de Escocia.*
MALCOLM	*Sus hijos.*
DONALBAIN	
MACBETH...	*Generales del ejército del rey.*
BANQUO...................	
MACDUFF	*Nobles de Escocia.*
LENNOX	
ROSS	
MENTETH	
ANGUS.....................	
CATHNESS................	
FLEANCE	*Hijo de Banquo*
SEYWARD	*Conde de Northumberland*[1], *general de las fuerzas inglesas.*
EL JOVEN SEYWARD..	*Su hijo.*
SEITON	*Oficial a las ordenes de Macbeth.*
UN NIÑO	*Hijo de Macduff.*
UN CAPITÁN	
UN MÉDICO INGLÉS ..	
UN MÉDICO ESCOCÉS	
UN PORTERO	
UN ANCIANO............	
LADY MACBETH	
LADY MACDUFF	

DAMAS DE LADY MACBETH

HÉCATE Y TRES BRUJAS

VARIOS SEÑORES, CABALLEROS, OFICIALES, ASESINOS, SIRVIENTES Y EMISARIOS. EL ESPECTRO DE BANQUO Y OTRAS APARICIONES.

---

[1] Topónimo naturalizado. «*Northumberland*» en Texto Original. También se naturalizan parcialmente los nombres de algunos de los interlocutores: Menteth (*Menteith*), Cathness (*Caithness*), Seiton (*Seyton*), Ross (*Ross*).

(La acción se supone en Escocia y principalmente en el castillo de Macbeth; menos la última parte del cuarto acto, que pasa en Inglaterra.)

ACTO PRIMERO

ESCENA I

Una desierta llanura. — Truenos y relámpagos.

Aparecen TRES BRUJAS.

BRUJA 1ª: ¿Cuándo nos encontraremos de nuevo, bajo la lluvia, el rayo o el trueno?

BRUJA 2ª: Cuando el caos termine, cuando la batalla se gane o se pierda.

BRUJA 3ª: Antes de que se ponga el sol

BRUJA 1ª: ¿En qué lugar?

BRUJA 2ª: Sobre el páramo

BRUJA 3ª: Para encontrarnos allí con Macbeth.

(Suena un clarinete).

BRUJA 1ª: ¡Voy, Graymalkim[2]!.

BRUJA 2ª: Paddock [3]me llama.

BRUJA 3ª: Pronto.

TODAS: Lo bello es feo y feo es lo bello. La niebla. ¡Atravesad el aire inmundo!

(Desaparecen las brujas).

---

[2] Graymalkin –un gato gris– es el nombre de cierto espíritu a cuya llamada responde la bruja.

[3] Paddock –nombre de otro espíritu– es un sapo.

ESCENA II[4]

Un campo cercano a Fores. — Suenan dentro cajas y trompetas.

Salen EL REY DUNCAN, MALCOLM, DONALBAIN, LENNOX y ACOMPAÑAMIENTO, a reconocer a un SARGENTO que viene herido por la parte opuesta.

DUNCAN: ¿Quién es ese hombre herido? Por su aspecto podremos tener noticias de la batalla.

MALCOLM: Es el sargento que como audaz y leal soldado luchó tenazmente para impedir que me hicieran prisionero.

¡Salud amigo! Cuenta al rey lo que sepas del campo de batalla y de cómo lo dejaste

SARGENTO: Es difícil de expresar cual dos fatigados nadadores, que abrazados entre si se estorban y terminan por ahogar sus grandes esfuerzos.

El traidor Macdonwald (pues, en verdad, han crecido en su pecho todos los vicios de la naturaleza humana) trajo de las islas del oeste[5] refuerzos de Kerns y Gallowglass[6], la fortuna era propicia

---

4 En esta escena se nos presenta al rey Duncan, junto a Macbeth y Banquo con la narración de sus hazañas en combate.

5 Son las islas ubicadas al oeste de Escocia, en las Hébridas.

6 *Infantería* y *caballería*

a su vil causa; pero de nada le sirvió, que la espada de Macbeth el valeroso (nombre que merece), despreciando el destino, se abrió paso en el seno de la hueste enemiga; y todavía humeante por la carnicería, bravo e infatigable, no cesó de luchar hasta llegar al felón[7].

Con su chispeante espada lo desgarró[8] de la boca a la cintura, y en nuestros muros clavó su cabeza.

DUNCAN: ¡Oh ilustre deudo[9]! ¡oh noble caballero!

SARGENTO: A la manera en la que se engendran hondas tempestades de naufragios y truenos siniestros de donde nace el sol, así del cauce mismo de donde brotaba lo que nos traería la paz nace el abatimiento. Escucha, rey de Escocia, aún no habían los veloces soldados confiado su aliento a la fuga; aun incompleto quedaba el triunfo que alcanzó la justicia vestida de ardimiento y espléndido valor, cuando el señor de Norue-

---

[7] Esté adjetivo es un sinónimo de traidor, desleal, falso etc. Su significado concreta un tipo de traidor, aquel que traiciona a su rey, cuando, siendo su vasallo, le debe suma lealtad. En la Edad Media el felón pagaba con la muerte por tortura su traición. Se ha traducido con este termino pues define a la perfección a Macdonwald, que traiciona a su rey Duncan.

[8] Desgarrar, traducción del original *unseam`d*. En la tragedia es perceptible un gran número de metáforas relacionadas con la vestimenta.

[9] Duncan y Macbeth son parientes.

ga[10], viendo su ventaja, inició un nuevo combate con las huestes y los peones renovadas.

DUNCAN: ¿Macbeth y Banquo, nuestros capitanes, flaquearon?

SARGENTO: ¡Sí señor! ¡como a los gorriones amedrentan las águilas o a las libres el león! Siendo sincero, declamo que se asemejaban a cañones dos veces cargados ya que volvieron al ataque redoblando los golpes contra el enemigo.

Si pretendían bañarse en la sangre humeante de miles de heridas, o hacer otro Gólgota[11] del campo, no sería capaz de afirmarlo.

Me desmayo; siento que mis heridas imploran socorro.

DUNCAN: Sargento, tus heridas te honran, y tus palabras te ennoblecen.

¡Llevadle a qué mis cirujanos cuiden de él!

(Se llevan al Sargento).

---

[10] Este rey es Sweno, personaje que, más adelante, vuelve a aparecer. Posiblemente aquí William Shakespeare este haciendo referencia a Jacobo I y Christian IV de Dinamarca

[11] El Gólgota, conocido también como el monte del Calvario, era un lugar externo a las murallas de Jerusalén en el que se exponían a los crucificados. Según los Evangelios es aquí donde se crucificó a Jesucristo.

ESCENA III[12]

Los PRECEDENTES y ROSS.

DUNCAN: ¿Quién se acerca?

MALCOLM: El barón de Ross[13].

LENNOX: ¡Qué mirar tan inquieto hay en sus ojos! Como quien va anunciar asuntos increíbles.

ROSS: ¡Dios salve al rey!

DUNCAN: Noble barón ¿de dónde venís?

ROSS: De Fife, mi soberano, donde las banderas noruegas se mofan de nosotros y ofenden al firmamento arrojando sobre nuestro pueblo un viento glacial.

El mismísimo rey[14], con sus temibles huestes y el apoyo del más ruin felón, ese barón de Cawdor, comenzó la lucha; hasta que pudo el de pétrea armadura, el esposo de Belona[15], hierro

---

[12] A partir de aquí, la división en escenas no se corresponde exactamente a la del texto original. De este punto en adelante, las divisiones escénicas que fueran introducidos por el traductor se harán notar con el símbolo §.

[13] *Thene of Ross* en el original, se correspondería con el título castellano de "barón". De forma más general podría traducirse como "señor".

[14] El traductor anticipa el nombre del rey de Noruega, «Sweno», que en el texto original aparece unos versos más adelante en la siguiente intervención de Ross.

[15] Belona es uno de los nombres de la diosa romana de la guerra, hermana de Marte. No se debe confundir con la diosa Minerva

contra hierro, cuerpo contra cuerpo, enfrentarse a él; brazo invicto contra brazo de felón, doblegando su audacia.

Logramos, al final de la contienda, salir victoriosos.

DUNCAN: ¡Qué inmensa alegría!

ROSS: Y ahora el rey de los noruegos, Sweno, pide una tregua.

No debemos permitir que de sepultura a sus guerreros hasta que, como feudo, en la isla de San Colmes nos desembolse diez mil piezas.

DUNCAN: No ha de volver el barón de Cawdor a traicionar mi confianza.

Que los emisarios proclamen su muerte cuanto antes y entreguen a Macbeth su título.

ROSS: ¡Así lo haremos!

DUNCAN: Lo que ha perdido él, que Macbeth lo gane[16].

---

del panteón romano, y su equivalente original de la mitología griega, Palas Atenea.

[16] La obra, como puede observarse, está plagada de antítesis

ESCENA IV

Un páramo.

TRES BRUJAS.

BRUJA 1ª: ¿Hermana, dónde has estado?

BRUJA 2ª: Dando muerte a los cerdos.

BRUJA 3ª: ¿Y tú, hermana, donde has estado?

BRUJA 1ª: Yo vi esta mañana a la mujer de un marinero, devorar afanosa una bellota, la roía y la masticaba y la volvía a roer "dame una", pedí, y la egoísta, de grasientas nalgas, dijo "¡Aléjate de mí, bruja!"

Su marido ha embarcado para Alepo capitaneando el navío Tigre.

Yo sobre las olas y a bordo de mi criba como una rata sin cola también bogaré hacia allí lo voy a hacer, lo haré, voy a hacerlo.

BRUJA 2ª: Te regalo un viento.

BRUJA 1ª: ¡Qué generosa!

BRUJA 3ª: Y yo otro.

BRUJA 1ª: Y son míos los que quedan y los puertos en donde soplan y los puertos en donde tocan las cartas de navegación.

Como al heno lo secaré y ni de noche ni de día abrazarán sus ojos el sueño, ha de sufrir cual maldecido nueve veces por nueve veces, siete noches sin dormir; que languidezca consumido por el agotamiento y sin perder su barco que azotado sea por las ventiscas.

Mirad lo qué os traigo.

BRUJA 2ª: Enseñadlo.

BRUJA 1ª: El dedo pulgar de un navegante que volvía y ha acabado naufragando.

(Sonido de tambores).

BRUJA 3ª: ¡Suenan los tambores! Macbeth se acerca.

TODAS: Hermanas hechiceras[17], de las manos y en circulo, como mensajeras de la tierra y de los mares damos vueltas y vueltas, giros y giros tres por mí y por ti tres, que sean otras nueve y tres más.

¡Fin del hechizo! ¡Qué nadie hable!

---

[17] Las hermanas hechiceras, *Weird Sisters* es el nombre dado a las divinidades femeninas del destino, en la mitología grecorromana se las conoce como las Parcas.

ESCENA V

MACBETH. BANQUO.

MACBETH: Nunca vi un día tan hermoso y, a la vez, tan cruel[18].

BANQUO: ¿Qué distancia hay a Fores? ¿Quiénes son estas de rostros extraños, tan arrugados que no parecen seres de este mundo, aunque habiten en él? ¿Acaso puede alguien interrogaros? ¿Tenéis vida? Claro que me entendéis pues lleváis las tres el dedo sin carne sobre el labio seco.

¿Sois mujeres? por vuestras barbas me cuesta creerlo.

MACBETH: Si podéis hablar, hacedlo. ¿Quiénes sois?

BRUJA 1ª: ¡Salve, Macbeth! ¡Barón de los feudos de Glamis, salve!

BRUJA 2ª: ¡Salve, Macbeth! ¡Barón de los feudos de Cawdor, salve!

BRUJA 3ª: ¡Salve, Macbeth! ¡El destinado a ser rey!

BANQUO: ¿Por qué te sobrecoges mi señor? ¿Por qué temes lo que suena tan bello? En nombre de la verdad, contestadme ¿sois espectros? ¿Acaso sois lo que sugiere vuestra apariencia? Vaticináis a mi compañero de armas un título

[18] Antítesis.

que ya tiene, más honra y la suprema corona del reino, dejándole así de sorprendido.

Y a mí ¿no podéis vaticinarme nada?; Si tenéis el don de otear la simiente del tiempo y predecir que granos crecerán y cuales no, decidme, nada os ruego, no temo vuestro favor ni vuestra desidia.

BRUJA 1ª: ¡Salve, Banquo!.

BRUJA 2ª: ¡Salve!

BRUJA 3ª: ¡Salve!

BRUJA 1ª: Tú. menor a Macbeth, pero más grande.

BRUJA 2ª: más venturoso, pero más desdichado.

BRUJA 3ª: No serás rey, pero engendrarás a poderosos reyes.

¡Salve Macbeth, salve Banquo!

BRUJA 1ª: ¡Salve Macbeth, salve Banquo!

(Empiezan a separarse las BRUJAS.)

MACBETH: Esperad y decidme seres oraculares ya sé que por la muerte de Sinel tengo los feudos de Glamis. Pero ¿cómo voy a serlo de Cawdor, si su barón está vivo y en buena forma? Y que yo vaya a ser rey se aleja de lo razonable, como también es inverosímil que vaya a ser el barón de Cawdor.

Hablad ¿Quién os informó de semejantes nuevas? ¿O por qué en este páramo desierto nos cortáis el sendero para decirnos tales profecías? ¡Contestad!

(Desaparecen las BRUJAS.)

BANQUO: El mar y la tierra tienen su propia ebullición:

¿Cómo pudieron desvanecerse?

MACBETH: Sin duda por el aire. Además, lo que parecía corpóreo se ha disuelto como en el viento la respiración.

BANQUO: Lo que hemos estado hablando ¿ha sucedido realmente? ¿O hemos comido de esa infausta raíz[19] qué aduerme la razón?

MACBETH: Tus hijos serán reyes.

BANQUO: Y tú serás rey.

MACBETH: También dijeron que Señor de Cawdor. ¿Verdad?...

BANQUO: Esas fueron exactamente sus palabras. ¿Quién se acerca?

Salen a escena: ROSS y ANGUS.

ROSS: Macbeth, el rey es conocedor de tus grandes hechos en armas.

Sabe que venciste en el mismo día a la amenaza rebelde; y se debate entre el asombro y las alabanzas, sin llegar a decidirse por uno.

---

[19] Probablemente se refiera a la belladona, la cicuta o el beleño, raíces con efectos narcóticos y alucinógenos.

Sabe que fuisteis invicto frente a las filas del Noruego ante aquello que vos creasteis, ignotas imágenes de la muerte, sin recelo, entre imágenes mil de cruda matanza que esculpías tú mismo.

Emisarios llegaban hasta su Alteza, y absortos referían solo elogios de ti y tus sublimes hazañas.

ANGUS: Como emisarios del rey, venimos a darte las gracias por tu increíble valor, en su nombre, y a pedirte que te dejes conducir por nosotros hasta él.

ROSS: Más primero nos ha ordenado darte, en recompensa, el título de barón de Cawdor ¡Salvé! Te decimos con este título.

BANQUO: ¡Será posible! ¿Acaso el diablo es capaz de decir la verdad?

MACBETH: Si vive el de Cawdor, ¿por qué me otorgáis su señorío?

ANGUS: Sí, aún vive, pero debe pagar una grave sentencia que reclama su mortalidad. Ya sea porque prestó su ayuda al de Noruega; o bien, a los rebeldes en secreto; o en ambas participó para hacer naufragar a su mismísima patria, me es incierto, pero si algo sé con seguridad es que ha confesado su alta traición, y se ha buscado la ruina.

MACBETH: *(Aparte)*

¡Barón de Glamis y Cawdor! Aún queda por llegar lo más grande…

Os agradezco vuestra cortesía.

¿No crees que ahora tus hijos heredarán el reino? Las brujas me profetizaron los feudos de Cawdor, y más gloria incluso para los tuyos.

BANQUO: Sus palabras pueden cegarte en deseos de conseguir el trono.

¡Es extraño! En ocasiones, para llevarnos seducidos a nuestra perdición los mismos instrumentos del mal nos dicen la verdad y, cautivados por juegos pueriles, acabamos presas de sus senderos infernales, ya de manera irreparable.

Hablemos, señores...

MACBETH: (*Aparte*) Del importante drama que me anunciaron se han cumplido dos de las profecías.

El mágico poder que lo predice no será malévolo, pero tampoco será bueno.

Mas ¿por qué cedo ante un pensamiento deleznable, cuya imagen, una abominación, eriza mis cabellos y hace latir con fuerza mi pecho contra las consignas de la Naturaleza? Los horrores del presente son siempre menores a los imaginarios.

Tengo fantasías cruentas, abortos de la mente, y de tal modo agitan mi condición de hombre que asfixian en posibilidades toda pretensión por actuar, nada es más real que el vacío.

BANQUO: Mirad lo absorto que está Macbeth.

MACBETH: Si la fortuna quiere coronarme rey, que sea sin que se lo pida.

BANQUO: Los nuevos honores caen sobre él como un ropaje desconocido que solo se adapta a su cuerpo habiéndoselo ya puesto.

MACBETH: Venga lo que habrá de venir; el tiempo y la ocasión atraviesan el día más incierto.

BANQUO: Estamos a la espera de tus ordenes, noble Macbeth.

MACBETH: Perdón, señores; asuntos ya olvidados se arremolinaban en mi mente. Caballeros, vuestros obsequios quedan registrados en unas hojas que leo día a día.

Vamos a ver al rey.

(Aparte a Banquo)

Piensa en todo lo que ha pasado Banquo, más tarde hablaremos de ello con franqueza, cuando llegue el momento.

BANQUO: Así lo haré

MACBETH: Callémonos hasta entonces. ¡Marchemos!

(Se van)

ESCENA IV[20]

Sala del palacio de Fores. — Suenan dentro tambores y trompetas.

Entran el rey DUNCAN[21], MALCOLM, DONALBAIN, LENNOX y sirvientes.

DUNCAN: ¿Castigaron a Cawdor? ¿O es que los enviados todavía no han vuelto de realizar esa misión?

MALCOLM: No Alteza, todavía no han regresado, pero he sido informado de la muerte del felón, el cual imploró vuestra clemencia con hondo arrepentimiento.

Fue el momento más noble de su vida, sin lugar a dudas, su forma de dejarla. Murió como si lo hubiera practicado, abandonando todo lo que había apreciado siempre, como si fueran cosas vanas.

DUNCAN: No existe el arte que pueda descubrir en una faz los constructos de un alma.

El de Cawdor era un barón en el que depositamos toda nuestra confianza.

---

[20] Toda la corte está reunida en esta escena, ordenada según la jerarquía de cada personaje, en contraposición al orden que tendrá en escenas posteriores.

[21] En las entradas de personajes, el traductor siempre se refiere al Rey como «Duncan».

(Salen a escena. MACBETH. BANQUO. ROSS. ANGUS).

¡Pecar de ingratitud comenzaba a ser una pesada carga, noble amigo! Tanto te me adelantaste que las veloces alas de la recompensa no podían darte alcance.

Si menores fueran tus méritos al menos te habría podido agradecer a la altura de tus servicios.

Solo soy capaz de decirte que nunca te podré devolver los favores que me has hecho.

MACBETH: Los servicios que os debo están pagados con su total cumplimiento.

Corresponde a Vuestra Majestad aceptar nuestra ayuda, que siervos somos de vuestra corona y estado.

Hijos que hacen lo que deben por vuestro aprecio y honor.

DUNCAN: Ven a mis brazos paradigma de virtud militar, os he plantado para que ahora crezcáis robusto... Noble Banquo no debe ser menor mi reconocimiento para contigo, no merecéis menos por las hazañas que hicisteis, dejad que os abrace fuerte contra mi corazón.

BANQUO: Creciendo en él, sea vuestra la cosecha.

DUNCAN: Ebrio de plenitud mi contento, pretende ocultarse en penas lacrimógenas.

Hijos, deudos, vasallos, sabed que, por el bien de la corona, damos la reflexionada sucesión de nuestro Estado a Malcolm.

Nuestro tan querido primogénito, desde hoy, recibirá el título de Príncipe de Cumberland[22]: un honor con el que lo investiremos si es por otros acompañados, pues la nobleza brillará cómo rielan los astros sobre sus merecedores... Ahora, partamos para Inverness, allí estrecharemos más nuestros lazos.

MACBETH: Agota el reposo que no se emplea en serviros, mi señor.

Permitidme dar el tan lisonjero anuncio de vuestra llegada a mi esposa, si, Alteza, me dais vuestro permiso.

DUNCAN: ¡Que así sea nuevo barón de Cawdor!

MACBETH: (*Saluda para retirarse y, aparte, dice*) ¡La Fortuna me obstruye el paso nombrando a Malcolm Príncipe de Cumberland! Un obstáculo nuevo del que depende mi gloria o mi desgracia, a no ser que yo lo evite ¡Estrellas, tened ocultas vuestras llamas! Que no sea iluminado el tumulto oscuro que esconde mi pecho. Que los ojos no vean lo que hacen las manos. Que lo que aterra a mis ojos suceda si llegara a cometerse.

(Se va).

---

[22] Este es el título que se entrega al heredero a la corona de Escocia.

DUNCAN: Qué razón tuvisteis, Banquo, amigo, no cabe duda de que Macbeth está lleno de arrojo. Sus elogios me sacian, para mí son como un manjar. Vamos a seguirle, pues se apresura a darnos una honorable bienvenida. No tiene parangón entre los nuestros.

(Suenan cajas y trompetas. — Parten).

ESCENA V

Inverness.

Entra LADY MACBETH leyendo una carta.

LADY MACBETH: (*Lee*) *«Las tres irrumpieron a mi encuentro el día de mis heroicidades; y según he averiguado después por el más seguro de los testimonios, hay en ellas facultades que sobrepasan el entendimiento de los hombres. Ardía en deseos de hacerlas muchas más preguntas, pero, de pronto, se desvanecieron, naturales del aire. Yo aun continuaba estupefacto, y he aquí que llegaron hombres del rey y me aclamaron Barón de Cawdor, título con el que las hermanas me nombraron al encontrarme, para después, oteando tiempos venideros, decirme que un día seré rey. He creído prudente comunicártelo, amada esposa, amiga de mi grandeza, para que no pierdas la felicidad que te es correspondida, al ignorar la gloria que se te ha prometido. Guarda estas noticias en el más guarecido rincón de tu pecho, adiós».*

Barón de Glamis, y barón de Cawdor. Seguro que serás lo demás que te han pronosticado. Ah pero tu naturaleza bañada en la leche de la caridad humana sospecho que no será capaz de tomar el camino más corto.

Ambicionas el poder, fervor no te falta, pero careces de perversidad, necesaria para alcanzarlo.

Crees que siendo excelso obtendrás lo que ensueñas vehemente, en ningún momento ves posible lograrlo haciendo trampas, en cambio, sí piensas servirte del engaño, oh mi magnánimo barón de Glamis, quieres que alguien te grite: "actúa así" y, al mismo tiempo, te causara menos pavor no hacerlo que los deseos de llevarlo a cabo.

¡Ven cuanto antes! yo infundiré mi coraje en tus oídos hasta llenarlos con mi lengua, y haré desaparecer tus honrados escrúpulos y así puedan cumplirse los designios dorados que las entidades sobrehumanas te han concedido, deseosas por coronarte.

(Entra un EMISARIO).

¿Qué mensaje traes?

EMISARIO: Viene su alteza esta noche.

LADY MACBETH: ¿Cómo, qué locura me decís? ¿No está contigo? Él me habría informado para que empezase con los preparativos en el caso, claro, de que fuese cierto lo que decís.

EMISARIO: Es cierta la información, su señor se acerca.

Se ha tenido que adelantar un compañero, ya con apenas el suficiente aliento para comunicarnos su mensaje.

LADY MACBETH: Ve, y recíbele como es debido, trae noticias de gran importancia.

(Sale el EMISARIO).

Ronco es el graznar de los cuervos al anunciar la mísera venida de Duncan a mi morada. ¡Espectros, acudid a mi llamada! ¡Vosotros, que voláis entre las ideaciones mortuorias de los hombres! Poseedme de la más monstruosa crueldad trastocando la naturaleza de mi género. Que no logre punzarme el arrepentimiento, propio de mi humanidad y frustre con treguas el fin de mis intenciones.

¡Venid y emponzoñad la leche guardada en mis senos de mujer, con bilis; espectros de la muerte, estéis donde estéis -sustancias invisibles- pendientes de que la naturaleza fine su último estertor! ¡Noche, acude a mí, ven ya! y viste tu negra espesura con la humareda fúnebre del infierno así quede ciega mi daga llena de codicia, ante sus heridas, y le sea vano al cielo asomarse a la tenebrosa oscuridad e increparme a gritos: "¡Parad, deteneos!"

(Entra MACBETH)

Magnánimo barón de Glamis y de Cawdor ¡Todavía más grande si contamos con la oracular bienvenida que te reserva el destino! Tus cartas me han dado la dicha frente al tedioso presente para soñar con el oro del mañana, que ya siento aquí.

MACBETH: Mi amor, esta noche llegará Duncan.

LADY MACBETH: ¿Y cuándo partirá?

MACBETH: Declaró que mañana.

LADY MACBETH: Jamás lo iluminará el sol matinal. Señor, en tu semblante pueden leer los hombres, como si de un libro se tratara, raros misterios. Toma la apariencia del mundo si pretendes engañarlo, pon cortesía a tus palabras, manos y mirar. Esfuérzate en tomar de las flores su pacífica inocencia, pero que tu ser verdadero sea el áspid que se esconde bajo sus pétalos. Ahora pensemos en atender como es debido al que viene, y deja que yo tome el mando de nuestra empresa nocturna la cual colmará todos nuestros días y noches venideras con la soberanía total, con el poder.

MACBETH: Hablémoslo más.

LADY MACBETH: Mantente firme, serena tus ojos. Por temor no hay que mostrar signo alguno de doblez en los gestos. Deja en mis manos lo demás.

ESCENA VI

Música y antorchas.

Entra el REY, MALCOLM, DONALBAIN, BANQUO, LENNOX, MACDUFF, ROSS, ANGUS y los sirvientes.

DUNCAN: ¡Qué hermosa es la situación del castillo! El aire nuestros sentidos delicados mece con suavidad.

BANQUO: El invitado estival. el vencejo, morador de los lugares sagrados, demuestra con su amor el aroma favorable que inspira aquí la bóveda celeste.

No hay contrafuertes, salientes u ornamentos en los que no haya colocado su lecho y su nido prolífico.

Donde más suave es la delicadeza del aire viven y crían a sus polluelos estas avecillas, por lo que detenidamente he podido observar.

(Entra MACBETH)

DUNCAN: ¡Ya llega nuestra hermosa anfitriona! Aunque el amor que nos persigue sea en ocasiones una carga, por su condición le estamos agradecidos.

Rezad a Dios para que nos dé una retribución por vuestros inestimables servicios, y así agradezca el cuidado que poneis.

LADY MACBETH: Pobre sería nuestro rendimiento por conseguir agradarle, Vuestra Majestad; es más, aunque fuera duplicado y se multiplicase luego otras dos veces, aun así, no podría compararse a la honorable y profunda gracia de tenerle en nuestra morada.

Oramos por vos en gratitud a la dignidad favorecida en el pasado y en el presente al consentirnos ser vuestros vasallos, mi rey.

DUNCAN: Y el barón de Cawdor ¿dónde está? Estuvimos cerca de él, pretendíamos servirle como emisarios pero, ya comprendemos: entre sus habilidades para cabalgar y su amor a vos se aguzarían sus espuelas, de esta forma llegó a aquí mucho antes que nosotros.

LADY MACBETH: Todos aquellos que os sirven: ellos mismos, sus familias, feudos y pertenencias, entienden que, por justicia, os lo deben y han de pagar la cuenta de tales beneficios para lograr restituir lo que os pertenece.

DUNCAN: Concededme la gracia de llevarme con el anfitrión. Toma mi brazo. Tanto le admiramos que me veo en la necesidad de seguir alabando su honor.

(Salen todos).

ESCENA VII[23]

Música y antorchas.

Atraviesan la escena un mayordomo y numerosos sirvientes con jarras, platos, comida y manteles.

MACBETH: Si todo ya se hubiese consumado... Preciso sería terminar cuanto antes.

Si fueran detenidos los efectos del crimen, y al desaparecer constatar el triunfo, de modo que el duro golpe en si mismo abarcase la totalidad del comienzo y el fin... Aquí solo, aquí, en los páramos a orillas del Tiempo, se arriesgaría la vida por venir.

Mas, cuando suceden esos hechos, en semejantes momentos, aquí, es donde somos juzgados, y todo por dar los cruentos mandatos que nos enseñaron otros, fuente de tormento para el que las da. La ciega Justicia en las palmas deposita la copa, solo para nosotros emponzoñada, y su contenido escancia sobre nuestros labios.

Se halla aquí, con doblada fe. Primero, además de su súbdito, soy su deudo, dos buenas razones para no llevar a término el plan.

---

[23] En esta escena se muestran con claridad las disyuntivas entre el caos y el orden.

Como anfitrión, debería, por tanto, prohibir la entrada a sus asesinos y no ser justamente el que va a empuñar la daga.

No solo eso, además, se da el caso de que Duncan ha sido un gobernante recto, de señeras virtudes y tan humilde y justo con los suyos que se clamaría -cuan ángeles con clarines vociferantes- venganza por la acción tan despreciable de hacerlo desaparecer; y esta abominación sería expuesta a todos los hombres, la Piedad lo haría como un recién nacido que desnudo cabalga sobre la tempestad, o a lomos de los invisibles corceles aéreos un querube[24] celestial.

Solo podrá el sollozo apaciguar los efectos de la verdad.

La espuela que punza los extremos de mi afán es la ambición, y sus brincos, que cuando son desmesurados y saltan lejos, acaba por derrumbarse.

(entra LADY MACBETH)

[24] Querube, querubín cupidillo, amorcillo erote… todos hacen referencia a una criatura mitológico-religiosa con apariencia de niño más o menos rollizo provisto de alas. Por el nombre se puede distinguir a los originales de la mitología grecolatina, que formaban parte del séquito de Eros/Cupido, o a las adaptaciones que de los mismos se hizo a la religión cristiana. Son un motivo artístico típico. La traducción del término en su lengua original *cherubin* sería "querubín", pero hemos optado por "querube", la forma exclusivamente poética, por razones de4 estética.

Y bien, ¿traes nuevas?

LADY MACBETH: Ya queda poco para que termine de cenar.

¿Por qué te marchaste del festín?

MACBETH: ¿Preguntó por mí?

LADY MACBETH: ¿De veras que no lo sabes?

MACBETH: No podemos continuar con esta felonía; él me ha favorecido de dones magníficos y entre las gentes, ha sido en el oro más fúlgido bañada mi imagen, querría conservarla, lucirla con la frescura actual de su esplendor y no desechar aún su lozanía.

LADY MACBETH: ¿Cómo era la ebriedad de la esperanza que abanderabas? ¿Se ha dormido? ¿O, por el contrario, ha despertado, y ante lo que decidió altanera, ahora, blancuzca y verde, lo rehúye? La cuenta que haga de tu amor, desde el día de hoy, será esta.

¿Temes, acaso, que tus deseos lleguen a la magnificencia de tu bravura guerrera? ¿Querrías poseer lo que consideras oropeles mundanos, viviendo a sabiendas de tu cobardía como el gato del refrán[25], trucando el "quisiera" por el "no soy valiente"?.

MACBETH: Yo me atrevo a lo que puede hacer un hombre:

---

[25] Refrán inglés en el que un gato quiere atrapar a un pez, pero no lo hace porque teme mojarse.

Y el que intenta hacer más que eso no es hombre[26].

LADY MACBETH: ¿Y qué clase de ente bestial para proponerme tamaña empresa te animó? Eras un hombre cuando osabas cometerla, más hombre serías, por encima de ellos, si la llevaras a cabo.

Tú buscaste crear el tiempo y la ocasión propicios, cuando antes ni el uno ni el otro lo eran. Y ahora te horroriza su posibilidad, de solo mencionarla tiemblas. Yo, que soy madre y sé de la dulce terneza que se siente al amamantar a nuestro hijo con mi leche; ahora, mientras esbozando una sonrisa te contempla, desearía arrancar de mi pezón su débil boca y contra un pedrusco abrirle la frente si como tú lo hubiera jurado.

MACBETH: ¿Y si errase?

LADY MACBETH: ¿A nosotros te refieres? Prepara el arco de tu valor y no erraremos.

Cuando Duncan duerma (tras el largo viaje que ha hecho hoy será inevitable que el sueño acuda a ofrecerle un profundo reposo), yo venceré a sus guardias con la ambrosía del vino y otros bebedizos semejantes.

La memoria, centinela del cerebro. se hará humo, y lo que funciona como ti-

---

[26] Esta conjetura la añadió en 1709 Rowe.

món del raciocinio se denigrará hasta la estupidez.

¿Qué no podremos hacer los dos contra Duncan? Vulnerable al embotar las naturalezas de su guardia personal con un sueño brutal. ¿No se inclinarán las culpas de su asesinato hacia estos?

MACBETH: ¡Qué solo engendren hijos tus entrañas! no han de salir hembras de ellas, están hechas de duros yerros, materiales para forjar varones.

Si manchamos de sangre a los que duermen con él, y usamos sus propias dagas ¿Cómo no van a creer que fueron ellos?

LADY MACBETH: Y al escuchar nuestros gritos y llantos enloquecidos ¿Quién osaría pensar de otra manera?

MACBETH: Está decidido.

Me centraré en reunir todas mis fuerzas para realizar esta acción terrible.

¡Que la hipocresía del rostro desplace lo que no ignora el corazón! Finjamos pura inocencia ante los acontecimientos que están por venir, engañemos a todos.

(Salen)

ACTO SEGUNDO

ESCENA I

Noche.

Entran BANQUO y FLEANCE con una antorcha.

BANQUO: Hijo ¿Qué tal la noche?

FLEANCE: Se ha puesto la luna, no he oído el reloj.

BANQUO: Es a medianoche cuando se oculta.

FLEANCE: Creo que es más tarde, padre.

BANQUO: Toma mi espada, ten. El cielo ahorra energías, por eso ha apagado sus luminarias. Coje esto también. Plúmbeo el sueño me pesa, pero todavía no quiero dormir. ¡Oh piadoso poder, turba en mí los pensamientos malditos que al comienzo del sueño nos susurra la Naturaleza! Dame la espada.

(Macbeth y un sirviente entran con una antorcha).

¿Quién va?

MACBETH: Vuestro amigo.

BANQUO: ¡Mi señor! ¿Aun estáis despierto? Su alteza ya se ha quedado dormido. Ha estado más alegre que de costumbre, y ha dado en tu nombre varios presentes a los trabajadores de tu casa. Y a vuestra esposa, como a la más cortés de las anfitrionas la ha obsequiado con este hermoso diamante, después la ha enviado saludos, y, satisfecho, se ha retirado a su cámara.

MACBETH: Tuvimos que improvisar rápidamente los preparativos para su venida lo que conllevó la desgracia de no poder degustar nuestro deseo por recibirle. Estábamos pendientes de que todo estuviese listo.

BANQUO: Tranquilo, todo sigue un buen curso. Por cierto, Macbeth, ayer por la noche soñé con las tres brujas. Sin duda, lo que te profetizaron se ha cumplido.

MACBETH: No están entre mis pensamientos. De todas formas, en el momento adecuado, deberíamos mantener una conversación sobre ellas, si ese es tu deseo.

BANQUO: A vuestra disposición, amigo.

MACBETH: Y si son de tu parecer mis estrategias, cuando llegue el momento, obtendrás grandes honores.

BANQUO: Si al esforzarme en lógralos no deshonro los que ya poseo y, límpida, se mantiene mi conciencia, así como mi lealtad, qué así sea, escucharé vuestros planes.

MACBETH: Entretanto, os deseo un reposo agradable.

BANQUO: Gracias mi señor, yo os deseo lo mismo.

(Se van BANQUO y su Fleance)

MACBETH: Escucha, di a tu señora que cuando esté lista mi copa, haga tocar la campana; ya puedes acostarte.

(Se va el SIRVIENTE).

MACBETH: ¿La que con su empuñadora roza mi mano y se persignan mis ojos en seguir es una daga? ¡Déjate coger, ven! Sempiterna te veo, pero no te siento. ¡Visión fatal! ¿Ante la mirada y el tacto careces de sensibilidad? ¿Eres solo, falsa, una daga que mi imaginación germinó, consecuencia de la fiebre que quema mis mientes? Con la misma claridad te palpo como a esta que agarran, ahora, mis manos. Me guías al arma misma que debía usar y por el camino en el que ya avanzaba. Si mis ojos no son una burla para mis demás sentidos, sin duda alguna, a todos superan en bravura… Sí, aún te veo; con unas gotas de sangre en el filo y la empuñadura que hace un momento no se habían presentado, ¡Ay, esto es fruto de la sangrienta empresa, agrandándose en mi mirada! No, no eres real…. Sobre la mitad del mundo podría decirse que la Naturaleza ha dado su último suspiro; y las malhadadas ensoñaciones engañan a los sueños ocultos. El conjuro festeja, de la azafranada Hécate[27] los rituales brujeriles; y prevenido por el heraldo del Crimen, el lobo, cuyo aullido es un aviso para su degenerado Señor, con las pisadas carnales de Tarquino, avanza como espíritu maléfico a su designio. Firme y segura Tierra, no escuches mis pisadas, vayan a donde vayan, no suceda que tus rocas descubran a donde me dirijo, y arrebaten al Tiempo el pavor de su tan ansiado instante…

Mis amenazas no le quitarán la vida. La sonoridad de las palabras hiela la llama de los actos.

(Suena una campana).

¡La campana es la señal! ¡voy! No la escuches, Duncan. El tañido que produce es tu reclamo al cielo o al infierno.

(Se va).

---

27 Hécate es la divinidad nocturna de la magia, cuyo papel dual en la época clásica, tanto del lado del bien como del mal, cambia durante la Edad Media. considerada exclusivamente maligna, entidad demoníaca de los hechizos, la necromancia… la brujería en general.

ESCENA II

LADY MACBETH.

Lady Macbeth:	La ebriedad que a ellos les provoca el vino, a mí me da arrojo, lo que a ellos apaga a mí enciende… *(Ruido)* ¡Silencio! ¿Qué fue eso? Ah era el centinela tenebroso de las más perversas “buenas noche”, un búho y sus ululaciones. En ello entretiene su tiempo. La puerta está abierta, aletargados los guardias ironizan roncando su importante trabajo.
Macbeth:	¿Hay alguien ahí? ¿Qué ocurre? (*Desde dentro*).
Lady Macbeth:	Me inquieta que se hayan despertado antes de acabar nuestro cometido. No es el acto sino la tentativa lo que puede conducirnos a nuestra perdición: ¡Silencio! Preparé las dagas, si la faz dormida de Duncan no me recordara tanto a la de mi padre, yo misma se la hundiría. *(Macbeth entra)*
Lady Macbeth:	Esposo, ¿Estás aquí?
Macbeth:	He cumplido. ¿Oísteis algo?[28]

[28] Realizado el crimen, la tragedia se cierne sobre Macbeth.

LADY MACBETH: Solo el ulular de un búho y las quejas de un grillo. ¿Has hablado?

MACBETH: ¿Cuándo?

LADY MACBETH: Ahora.

MACBETH: ¿Mientras bajaba?

LADY MACBETH: Sí.

MACBETH Escucha: ¿Quién duerme en la otra cámara?

LADY MACBETH: Donalbain.

MACBETH: ¡Imagen espantosa! (*Mirándose las manos*).

LADY MACBETH: Es una necedad decir eso a estas alturas

MACBETH: Uno reía entre sueños. mientras gritaba el otro: «¡Asesino!»; Y se despertaron mutuamente. Me quedé petrificado y escuché. Pero rezaron unas oraciones y, al momento, se volvieron a dormir

LADY MACBETH: Cierto, ambos duermen juntos.

MACBETH: Clamó en sueños uno de ellos «¡qué Dios nos bendiga!» y el otro, tras contemplar mis manos homicidas, profirió: «¡amén!».

Si no hubiese notado su temor, al «Dios te bendiga» que exclamó el primero habría contestado «amen».

LADY MACBETH Es mejor que no pienses en ello.

MACBETH: ¿Y por qué no pude responder a la oración? Nunca antes necesité ser bendecido como entonces, pero el «amen» se quedó paralizado en mi garganta.

Lady Macbeth: Si continuamos pensando en esto vamos a acabar perdiendo la razón, No lo pensemos más.

Macbeth: Creí escuchar una voz que alertaba «¡despertad, Macbeth mata el sueño!»; El sueño que, sin cesar, trenza inocente las hebras enmarañadas de los tormentos, muerte del día a día cotidiano, cura de las heridas de la mente, un bálsamo para el agotamiento, festín en la mesa de la Naturaleza, el alimento vital por antonomasia.

Lady Macbeth: ¿Qué quieres decir con eso?

Macbeth: «¡Despertad!» no cesaba de escuchar, por todas partes, a gritos. «Glamis mató al sueño, Cawdor nunca más volverá a conciliar el sueño, Macbeth no volverá a dormir».

Lady Macbeth: ¿Y quién vociferaba así? Señor, no debilites tus fuerzas usando el pensamiento con tan poco juicio. Ve a lavar con agua la repugnancia que atestiguan tus manos. ¿Por qué llevas las dagas contigo? Es allí donde deben estar. Devuélvelas y mancha de sangre a los guardias dormidos.

Macbeth: No volveré allí, no iré jamás. tiemblo de solo pensar en lo abominable de mis actos, No tengo valor suficiente para volver.

Lady Macbeth: ¡Qué débil es tu voluntad! Dame a mí las dagas, los dormidos y los muertos son nada más que imágenes. Solo a un alma infantil le amedrentaría ver al demonio dibujado. Si todavía les sale sangre, pintaré con ella el rostro de los dos guardianes, Debe parecer que son ellos los culpables.

(Sale. Llaman dentro).

MACBETH: ¿De donde están llamando? ¿Por qué cualquier ruido me llena de pavor? ¿A quién pertenecen estas manos que me arrancan los ojos? ¿Serán suficientes los océanos de Neptuno para limpiar la sangre de mis manos? Nunca, antes teñirían de escarlata el verde, enrojeciendo la infinitud marina.

(Entra Lady Macbeth)

LADY MACBETH: Ya tiene mis manos el rojo de las tuyas. Sería una vergüenza para mi tener el corazón tan blanco.

(Llaman).

Llaman a las puertas de poniente. vamos a nuestra cámara. El agua purificará esta acción. ¿Ves qué fácil? Perdiste tu firmeza.

(Llaman).

¡Han vuelto a llamar! Corre, ve a ponerte tu ropa de noche, no vayan a descubrir que hemos estado despiertos. Procura no caer en la debilidad de tus pensamientos.

MACBETH: ¡Sé de mi obrar!! (*Llaman*).

¡Ojalá fuera posible no conocerme a mí mismo! ¡Ah si pudieras despertar a Duncan con tus aldabonazos!

ESCENA III[29]

Un portero.

Llaman.

PORTERO: Vaya ¡esto sí que es llamar a una puerta!, ni el portero del infierno hubiese hecho dar tantas vueltas a la llave.

(Llaman).

¡Toc, toc, toc! En el nombre de Belzebú ¿Quién viene? ¿quién es? Debe ser un granjero que a la espera de unas ganancias abundantes se habrá ahorcado. ¡Venís a tiempo! Espero que llevéis bastantes pañuelos, poque aquí vais a sudar.

(Llaman).

¡Toc, toc! ¿Quién va, en el nombre del otro diablo? Seguro que será alguien con deseos de enredar; apostador, le dará lo mismo, si a favor o en contra de los dos platos de la balanza, y en el nombre de Dios, hacer traición, ahora, del cielo no podrá burlarse. ¡Pasa ya liante!

---

[29] Esta escena está compuesta de dos partes muy diferentes. La primera, el personaje del portero propina a la tragedia de un momento de comicidad, y, la segunda, que trata sobre el descubrimiento del cadáver del rey Duncan.

(Llaman)

¡Toc, toc, toc! ¿Quién va? Por mi fe que seguro se trata de un sastre inglés que viene a este lugar a cortarle las calzas a un francés. Venga, adelante sastre, aquí podrás asar el ganso.

(Llaman)

¡Toc, toc! ¡Dios mío parad ya! ¿Qué sois?... En verdad este es un sitio demasiado frio para el infierno. Había pensado dejar entrar a toda persona de clase y profesión con deseos de entrar al fuego eterno por un camino primaveral. No quiero ser el portero del diablo.

(Llaman)

¡Voy, voy! ¡Qué ya voy!… Os lo suplico: recordad quien es el portero.

(Abre).

Macduff y. Lennox entran

MACDUFF: ¿Hasta tan tarde estuviste en pie, que aún a estas horas, no puedes levantarte?

PORTERO: A decir verdad, estuvimos empinando el codo hasta que el gallo tocó por segunda vez. Mi señor, la bebida provoca estas cosas…

MACDUFF: Concretamente ¿Qué provoca la bebida?

PORTERO: ¡Diablos, mi señor!, enrojece la nariz, da sueño y ganas de orinar. Despierta tanto los apetitos carnales como no los despierta. Provoca los deseos pero falla en su representación. Así, pues, ya se sabe, beber en exceso engaña la lujuria; así como la anima la enflaquece, al tiempo que la infla la deshincha; la persuade y la deja, la sube y no la sube. En resumen, en sueños la seduce para luego desengañarla[30].

MACDUFF: Según veo, te engañó esta noche.

PORTERO: Y tanto, señor, me agarró por la garganta, pero castigué su doblez, y como soy mucho más fuerte que ella, aun aferrándose a mis piernas, la di una zancadilla y pude librarme.

(Entra Macbeth)

MACDUFF: ¿Se ha levantado ya tu amo? Aquí viene, le habrán despertado nuestros golpes.

LENNOX: Buenos días, mi señor.

MACBETH: Buenos días a los dos.

MACDUFF: ¿Se ha despertado ya el rey, barón de Cawdor?

MACBETH: Todavía no.

MACDUFF: Me ordenó que le despertase temprano y la hora casi ha pasado.

MACBETH: Te conduciré ante él.

---

[30] Como puede observarse, el fragmento está plagado de connotaciones sexuales.

MACDUFF: Sé que este trabajo os resulta agradable, aunque, al fin y al cabo, es un trabajo.

MACBETH: El trabajo que agrada nos repara del dolor. Esta es la puerta.

MACDUFF: Entraré sin llamar, puesto que así me fue ordenado.

(Macduff se va)

LENNOX: ¿Partirá hoy el rey?

MACBETH: Así lo decidió.

LENNOX: La noche ha sido turbulenta. El viento ha derribado las chimeneas de donde dormíamos; y se dice que se han escuchado lamentaciones por el aire, extraños alaridos que presagiaban con ominosa modulación revueltas y horrores confusos que sucederán en estos tiempos miserables. El ave terrible no ha dejado de clamar en toda la noche. Se dice también que enfebrecida tembló la tierra.

MACBETH: Agitada fue la noche.

LENNOX: En mi memoria, aun joven, no logro encontrar ninguna a la que se asemeje.

(Entra Macduff)

MACDUFF: ¡Ah horror, horror, horror! ¡No hay corazón, no hay palabras capaces de describir esto!

MACBETH Y LENNOX: ¿Qué ocurre?

MACDUFF: ¡La destrucción ha sido realizada! El asesino más blasfemo ha saqueado la sagrada casa del Todopoderoso y ha quitado la vida de su santuario.

MACBETH: ¿Qué estás diciendo? ¿La vida?

LENNOX: ¿Hablas de la vida de Su Majestad?

MACDUFF: ¡Venid, acercaos, que destrozados sean vuestros ojos ante esta nueva Gorgona[31]. No me pidáis hablar. ¡Mirad y que hable vuestra lengua! ¡Despertad! ¡Despertad!

(Salen Lennox y Macbeth).

MACDUFF: ¡Tocad la campana! ¡Asesinato y traición! ¡Banquo, Donalban y Malcolm despertad! ¡Abandonad ese blando sueño, sátira de la muerte, y contemplad a la muerte tal cual es! ¡Arriba, arriba ved la imagen del Juicio Final! ¡Banquo, Malcolm como si de vuestros sepulcros salierais, avanzad cual espíritus para hacer frente a este horror! ¡Haced sonar la campana![32]

(Suena una campana)

(Entra Lady Macbeth).

[31] Monstruos femeninos de la mitología clásica que tenían la facultad de convertir en piedra a todo aquel que mirara sus rostros.

[32] Algunos editores no incluyen "Ring the Bell" en sus ediciones, teorizan que, en realidad, no forma parte del dialogo, y es una acotación escénica.

LADY MACBETH: ¿Qué está pasando aquí, que de forma tan espantosa tocáis a alarma y despertáis a los que duermen en nuestro hogar? ¡Explicádmelo!

MACDUFF: Oh mi gentil señora, no sería de vuestro agrado escuchar lo que os puedo contar. Narrar lo ocurrido a los oídos de una dama sería abastecerlos de muerte.

(Banquo entra)

¡Ay Banquo, Banquo! A nuestro magnífico rey lo han matado.

LADY MACBETH: ¡Oh, Dios mío! ¡Dios! ¿Y ha sido en mi casa?

BANQUO: ¡Maldita perversidad! Macduff, por favor, amigo, niega lo que acabas de proferir, dime que nada de lo que has dicho es verdad.

(Macbeth, Ross y Lennox entran)

MACBETH: Habría yo vivido feliz si hubiese muerto una hora antes de semejante acontecimiento. Pero desde ahora nada habrá que valga la pena en esta vida mortal. Como un juguete es el todo. Han perecido la gracia y el honor, se ha vertido el vino vital, y en la bodega solo quedan residuos para gloriarse.

(Malcolm y Donalbain entran)

DONALBAIN: ¿Qué es este mal?

MACBETH: Es tuyo el mal y todavía no eres consciente de él:

la fuente original, el principio de tu sangre ha terminado. el manantial del que esta descendía se ha detenido.

MACDUFF: Han asesinado a vuestro padre.

MALCOM: ¡Dios, no! ¿De quiénes son las manos que han hecho esto?

LENNOX: Creemos que los guardias que protegían al rey en su cámara fueron los hacedores: en sus rostros y manos tenían manchas de sangre; así como sus dagas, que encontramos ensangrentadas en sus almohadas. Víctimas del tormento sus ojos, ensimismados miraban a ninguna parte. Jamás debieron responsabilizarles de proteger a hombre alguno.

MACBETH: me arrepiento del frenesí que me llevó a acabar con ellos a pesar de lo que dices.

MALCOM: ¿Y por qué lo hicisteis?

MACBETH: ¿A quién es dado ser sabio y necio al mismo tiempo, sensato y desmesurado, leal y pasivo a los sucesos? A nadie. La impulsividad de mi amor violento doblegó a la mesura de mi raciocinio. Yace aquí Duncan su cabellera de plata mezclada al oro de su noble sangre. Y, allí, los homicidas, inmersos en el color que caracteriza sus actos, con sus dagas cutremente esmaltadas de manchurrones de sangre, y como una brecha en la Naturaleza, las profundas heridas del rey, entrada devastadora al infortunio.

¿Quién sería capaz de renunciar, si tiene un corazón y bravura en ese corazón, a demostrar su amor?

LADY MACBETH: ¡Socorredme, llevadme fuera!

MACDUFF: Cuidadla.

MALCOM: *(Aparte a Donalban)* ¿Y no decimos nada, si, más que a nadie nos incumbe lo sucedido?

DONALBAIN: *(Aparte a Malcolm)* ¿Y qué podremos decir, si nuestro destino escondido en el hueco que forma un molde para hacer monedas puede saltar y atraparnos? Vámonos, aún no están preparadas nuestras lágrimas.

MALCOM: *(Aparte a Donalban)* Ni nuestro sufrimiento para moverse.

BANQUO: ¡Cuidad a mi lady! Y cuando hayamos conseguido proteger nuestra desnuda fragilidad, que, así como está, padece expuesta, podremos entonces, indagando, conocer más detalladamente tales actos criminales. Los cuidados y el temor tambalean nuestra firmeza. Confió en la mano omnipotente de Dios, me esforzaré en combatir lo que se nos escapa de la malvada felonía.

(Se la llevan).

MACDUFF: Lo mismo haré.

TODOS: Y todos.

MACBETH: Ataviemos nuestro espíritu de coraje varonil y reunámonos en la gran sala.

TODOS: ¡Sí, reunámonos!

(Menos Malcolm y Donalbain, salen todos).

MALCOLM: ¿Y qué pensáis hacer? No nos conviene ir con ellos, presumir de un dolor que no se tiene es sencillo para los falsos. Yo iré a Inglaterra.

DONALBAIN: Yo partiré hacia Irlanda. Separados nuestros destinos ganaremos mayor seguridad. Donde ahora nos encontramos, las sonrisas de los hombres cortan. El más próximo en sangré es el más sanguinario.

MALCOLM: El dardo asesino que ha sido lanzado, todavía está en el aire, huir del golpe es la más sabia opción. Marchemos, y que no nos pese hacerlo sin despedirnos, es menester escapar. Cuando no hay presencia de misericordia en un lugar es lícito hurtar lo que antes fue robado.

(Se van)

(Entran Ross y un anciano)[33]

ANCIANO: Tres veintenas puedo recordar, además de otros diez años. Noches terribles, noches sanguinolentas y casos asombrosos he hollado mientras el tiempo transcurría, pero no me ha pesado una noche como esta última, ha reducido a nada cuanto pude conocer.

---

[33] Escena de transición.

Ross: Ah, venerable anciano[34], contemplad como el cielo turbado por las acciones humanas amenaza el teatro sanguinoso en el que se escenifican sus maldades. El reloj indica que es de día, pero la noctívaga negrura fustiga las luces errabundas. ¿Se vanagloria de su triunfo la noche, o es que el día, horrorizado sepulta en la oscuridad el busto de la tierra, al que con su luminaria tendría que besar?

Anciano: El acto que se ha cometido es antinatural, todo, de este modo, lo es. El pasado martes vi morir a un halcón en lo más alto de su ascensión voladora por las garras de un búho cazador de ratones.

Ross: Y, hecho inaudito, los mansos caballos del rey, los más queridos de entre los de su raza, brutos, asalvajados, destrozaron el establo y huyeron de allí, quebrantada toda dominancia, cual si pretendieran guerrear contra los hombres.

Anciano: Dicen que se devoraban unos a otros.

Ross: Sí, es verdad, para estupefacción de mis propios ojos, que vieron el macabro prodigio.

(Entra Macduff)

Ahí llega el buen Macduff ¿Cómo va el mundo mi señor?

---

[34] En el original: *Ha, good father,* es una forma de expresar respeto y cercanía, atendiendo al contexto de la escena.

MACDUFF: ¿Vos mismo no lo veis?

ROSS: ¿Se sabe ya quien perpetro el sangriento delito?

MACDUFF: Los mismos que condujo Macbeth a la muerte.

ROSS: ¡Qué día más desgraciado! ¿Cuál fue el motivo?

MACDUFF: Habían sido sobornados. Los dos hijos del rey, Malcolm y Donalbain se dieron a la fuga y ahora están desaparecidos. Las sospechas del crimen caen sobre ellos.

ROSS: ¡Otra acción contranatural! Oh, depravada ambición, al que fue tu sustento en la vida devoras! Entonces, probablemente. la corona sea ahora para Macbeth.

MACDUFF: Ha sido proclamado, se dirige a Scone[35]para la investidura.

ROSS: ¿Qué se ha hecho con el cuerpo de Duncan.

MACDUFF: Lo llevan a Colmekill[36], el sacro panteón que protege los restos de sus padres, allí descansará.

ROSS: ¿Pensáis ir hasta Scone?

---

[35] *Scone* era la ciudad real, en ella estaba la "piedra del destino", en la que, según el Antiguo Testamento, acostó Jacob su cabeza. En la actualidad se encuentra en la abadía de Westminster

[36] *Colmekill* era el lugar donde se enterraban los reyes de Escocia, está en las Hébridas.

MACDUFF: No, amigo, voy a Fife[37]

ROSS: Bien, iré.

MACDUFF: Que allí desarrollen las cosas un buen curso… ¡Adiós, amigo! Me temo que los viejos ropajes se usan mejor que los nuevos.

ROSS: Qué Dios os guarde, venerable anciano.

VIEJO: Sed por Dios bendecido, vos y todos aquellos que hacen a lo malévolo, bueno; amigos a los enemigos.

(Salen todos).

---

[37] Macduff es el barón de Fife, allí está su castillo.

ACTO TERCERO

ESCENA I

En el palacio de Fores.

BANQUO solo.

BANQUO: Como las brujas te predijeron eres barón de Glamis, barón de Cawdor, y, ahora, rey. Pero sospecho que has hecho trampas para conseguirlo. También profirieron que tus herederos no serían reyes, pero que yo sería la matriz paterna de muchos de ellos. Los augurios de las hechiceras en ti resplandecen ¿Por qué no debería tener esperanzas en que se cumplan, de la misma forma que se han realizado los tuyos, los presagios que auscultaron en mi futuro? Basta, callémonos.

(Sonido de clarines)

MACBETH entra vestido de rey y LADY MACBETH *de reina. Junto a ellos* LENNOX. ROSS. SEÑORES. SEÑORAS.

MACBETH: Aquí viene nuestro más honorable huésped.

LADY MACBETH: Nos hubiera llevado a la desdicha no invitarlo al banquete, habríamos dejado un hueco imperdonable.

MACBETH: Esta noche ofrecemos una cena para hacer oficial nuestra coronación. Requerimos, señor, de vuestra presencia.

BANQUO: Majestad, disponed de todos mis respetos, Os prometo la entrega de mis servicios para siempre.

MACBETH: ¿A la tarde cabalgaréis?

BANQUO: Sí, mi señor.

MACBETH: De no ser así, habríamos solicitado tu participación (Fecunda cuantas veces a intervenido, además de prudente)

en el consejo de hoy. Quede para mañana. ¿Estaréis lejos de aquí?

BANQUO: Señor, cuanto pueda recorrer hasta el tiempo de la cena. Si así no actuara mi caballo fiaría a la oscuridad nocturna una hora o dos.

MACBETH: Bueno, vos no faltéis al festín.

BANQUO: Allí estaré, señor.

MACBETH: Tenemos noticias de que nuestros crueles parricidas se ocultan en Inglaterra y en Irlanda, no solo encubriendo allí su monstruosa acción, también cuentan a aquellos que atienden a sus palabras, ideas insólitas. Pero de esto, ya mañana, cuando nos reúnan los asuntos de Estado, discurriremos. Cabalgad ahora, adiós.

BANQUO: Sí, mi señor, el tiempo nos reclama.

MACBETH: A la fuerte cabalgadura de vuestros caballos rápidos y ligeros, os encomiendo. Dios os guarde.

(BANQUO se va)

Qué cada uno, hasta las siete de la tarde, sea dueño de su tiempo. Estaremos solos hasta la hora del banquete para dar a nuestros invitados el recibimiento que merecen. Mientras tanto ¡Id con Dios!

(Salen todos menos MACBETH y un sirviente)

MACBETH: ¡Eh tú, escucha! Esos hombres ¿están a la espera de mis órdenes?

SIRVIENTE: Así es, señor. Están a las puertas de vuestro palacio, esperándole.

MACBETH: Tráelos ante mí.

(Sale el sirviente.)

Sin la suficiente seguridad no podemos estar aquí, nuestro pavor a Banquo nos ha destrozado profundamente. Hay en su naturaleza dadora de reyes algo que por prudencia debe ser temido. Su ímpetu ha ido en aumento, y a lo indómito que caracteriza su espíritu suma una perspicacia que guía su bravura y la arma de seguridad. No empavorece a mi alma ninguna otra vida más que la suya. Y similar a Cesar frente a Marco Antonio, nubla mi genio. Justo cuando fui coronado rey preguntó a las brujas hasta que contestaron a sus increpaciones, y, proféticas, le llamarón padre de una extensa descendencia real. La corona que ciñeron a mi cabeza y el cetro que me fue destinado a empuñar son estériles, serán arrebatados por manos desconocidas, a mí, que no tengo hijos, no tengo sucesores. Si esto se cumple he corrompido mi alma por la estirpe de Banquo; he asesinado, para el bien de ellos, al honorable Duncan; he llenado mi sueño, como a una copa, de remordimientos solo por ellos, entregando la joya eterna de mi existencia al que es de todos el mortal enemigo, para hacerlos reyes. ¡Sí, reyes a las semillas de Banquo! ¡Ah, destino ven antes de que suceda! ¡Lucha conmigo hasta el fin! ¡Ven a luchar!... ¿Quién va?

(Entra el sirviente con dos asesinos)

MACBETH: Espera en la puerta hasta ser llamado.

(Sale el sirviente.)

¿Fue ayer cuando hablamos?

ASESINO 1: Si Majestad.

MACBETH: ¿Considerasteis lo que os pedí? Él fue quién os tuvo rezagados en el pasado, y vosotros me lo atribuisteis a mí, que soy inocente. Ya os demostré esto la última vez que nos encontramos, os enseñé numerosas pruebas sobre la manera en que os engañó y postergó; quienes fueron sus secuaces, con que útiles terminaron sus planes, y otros tantos detalles que de sobra darían a afirmar al más loco, incluso, al más estúpido:

"¡Banquo lo hizo!".

ASESINO 1: Así narraste los hechos.

MACBETH: Sí, y más todavía os mostré, es por eso que ahora os he hecho llamar ¿Tan hinchada se abastece vuestra animosidad de paciencia que vais a permitirle ese mismo curso? ¿Os doblega hasta estos extremos el Evangelio, que rogáis, de tal forma, por el hombre que, impasible. os condujo a la sepultura e hizo a los vuestros desgraciados?

ASESINO 1: Señor, somos hombres.

MACBETH: Así estáis registrados como lo están el lebrel, el perdiguero, el de aguas, el faldero, el chucho, el de presa, el venatorio o el medio lobo, a todos se les denomina perros por igual. Sin embargo, por las cualidades se distingue al veloz del lento, al perro guardián, al astuto y al de caza. Desiguales, según la habilidad con que los haya concebido, generosa, la Naturaleza; con un distintivo especial donde agrupados figuran con el mismo, así ocurre también con los hombres. Si no ocupáis en el conjunto un lugar bajo, decidlo y a vuestras manos encomendaré una misión que, acabada, elimina a vuestro enemigo, enlazándoos al afecto de nuestro corazón el cual aguanta una salud que la vida de él ha enfermado, cuando su muerte la podría aliviar.

ASESINO 2: He sufrido puñaladas deshonestas, y el azar mundanal; señor, en una desesperación exhausta me ha sumido la vida. Haría lo que fuera necesario para devolver al mundo los infortunios con que me ha maltratado siempre.

ASESINO 1: Yo soy otro, señor. Pondría mi vida en peligro al azar de la fortuna, con tal de perderla o mejorarla. Tan abatido estoy, señor, tan carcomido por la abyecta miseria...

MACBETH: Para ambos fue Banquo el enemigo, habéis saber.

ASESINO 1: Lo que decís es cierto, señor.

MACBETH: Sabed que es también mi enemigo. Es un adversario tan sediento de sangre, que a mi vida se clava perforador por cada segundo que dura la suya. Y, aunque desde la legalidad de mi poder pudiese vengar la afrenta que para mí significa que viva, siendo la justificación del mismo mi soberanía, no son pocos de entre mis vasallos que lo aprecian, amigos de ambos a los que no deseo enfadar. Por eso recurro a vuestros servicios enmascarando el asunto a la vista ajena, son graves las razones que me llevan a ello.

ASESINO 2: Como vos mandéis, nosotros haremos.

ASESINO 1: Aunque nuestras vidas...

MACBETH: Por medio de vosotros resplandece la valentía. Os diré donde debéis emboscaros dentro de una hora, y más información precisa sobre las circunstancias en las que llevareis a cabo el asunto cuando sea oportuno. Se hará esta noche, recordad, a gran distancia del palacio, tened en cuenta que exijo no hacer a nadie sospechar. Sin dejar rastro alguno de lo que haréis, junto a él estará también Fleance, su hijo. del cual no es menor la amenaza exasperante de la que me supone que viva su padre. El destino deberá abrazarle a él también en la oscuridad de esa hora. Tomad a solas una decisión. Volveré en poco tiempo.

ASESINO 2: Ya la hemos tomado, señor. Lo haremos.

MACBETH: Esperad dentro de la estancia... Ahora os llamaré. Todo ha sido previsto... Esta misma noche, Banquo, averiguaras si tu alma vuela o no a los cielos[38].

---

[38] Macbeth con el asesinato de Duncan dudaba, pero tras cometerlo se sumerge de lleno en la violencia y, tal y como muestra esta parte, manipula a unos asesinos para que maten a su amigo y al hijo de este.

ESCENA II

Otro lugar del palacio.

LADY MACBETH y UN SIRVIENTE entran.

LADY MACBETH: ¿Ha salido Banquo del palacio?

SIRVIENTE: Sí, mi señora, pero volverá esta misma noche.

LADY MACBETH: Dile al rey mi señor que necesito comentarle un asunto.

SIRVIENTE: como dispongáis, señora.

(Sale el sirviente.)

LADY MACBETH: Todo está perdido, nada se posee cuando nuestro deseo, sin goce, es saciado. Es preferible ser nosotros los inmolados a ser aquellos que, con una dudosa retribución, inmolamos.

(Macbeth entra)

Y bien, mi noble señor, ¿Por qué en solitario permanecéis acompañados únicamente por lastimosas cavilaciones, dando alimento a quimeras que tendrían que estar enterradas con sus provocadores? Lo ya irremediable no puede importaros. Lo hecho, hecho está.

MACBETH: Herimos a la serpiente sin matarla, la misma regresará a la vida. Nuestra pobre perversidad, otra vez, va a sufrir sus mordeduras. Que los dos mundos[39] se separen de su unión y padezcan con tal de no seguir alimentándonos empavorecidos y al dormir ser presas de la aflicción, vástiga de las pesadillas nocturnas que nos agitan; es mejor estar con los que han dejado está vida, que a la paz enviamos y la paz obtuvieron, que yacer con un delirio, al atormentarnos las mentes, incesante. Yace nuestro rey Duncan en su tumba, tras la enfebrecida convulsión de la vida, tranquilo, descansa. Nuestra felonía hizo todo el mal. Nada: la ponzoña, la daga y la alevosía interna así como las fuerzas del exterior pueden afectarle.

LADY MACBETH: Mi buen señor, vamos, suavizad las arrugas de ese áspero ceño y mostraos, esta noche, apacible y cortés con vuestros huéspedes.

MACBETH: Mi amor, así debo hacerlo, a vos os clamo lo mismo. Atended a Banquo todo lo que podáis, prodigadle con vuestros ojos y palabras afables. ¡Oh, qué tiempos más tenebrosos nos ha tocado vi-

[39] Los dos mundos son el terrenal y el de los cielos, imágenes ambos en un mismo espejo. Con su separación el terrenal carecería de la moral divina que rige el pensamiento de los hombres, entre otras consecuencias negativas… El mundo terrenal sería un páramo alejado de la voluntad divina, regido, entonces, por la maldad y el caos absolutos.

vir! Pues limpiamos nuestro honor con falsas lisonjas y disfrazando el corazón, embozamos nuestros rostros de cualidades que no les corresponden.

LADY MACBETH: Dejad ya eso.

MACBETH: ¡Mi amada esposa, tengo la mente llena de escorpiones! Banquo y Fleance viven ¿Acaso sabéis eso?

LADY MACBETH: Pero en ellos el trazo de la naturaleza no es eterno.

MACBETH: Regocíjate, aún hay esperanzas, ambos son vulnerables. antes de que llegue el murciélago a enclaustrar su vuelo, antes de que la negra Hécate indique al soñoliento escarabajo, nacido del estiércol, que haga bostezar sus sonidos a la campaña de la noche, se atestiguará lo que será reconocido por su horror.

LADY MACBETH: ¿Qué vais a hacer?

MACBETH: Es preferible que no lo sepáis, mujer; hasta que os sea anunciado la confirmación de su aplauso... Acércate noche cegadora... Ven; cúbrele los cándidos ojos a este día piadoso, y con tu invisible y tan ensangrentada mano rompe en pedazos estas mil ataduras que me empalidecen. La luz comienza a espesarse. Vuela el cuervo hacia el bosque sombrío. Todo lo honorable que hay en este día se duerme y se esfuma a la vez que los oscuros esbirros de la noche se desperezan para el saqueo. Os sorprenden mis palabras. Estad tranquila, Que lo que empieza con maldad, con la maldad se fortalece. Imploro vuestra compañía, vamos.

(Ambos salen)

ESCENA III

Sendero con una alameda que conduce al palacio.

(Salen a escena tres asesinos).

ASESINO 1: ¿Quién te mando venir con nosotros?

ASESINO 3: Macbeth.

ASESINO 2: No es preciso desconfiar de él, ya que trae instrucciones sobre nuestro cometido y de cómo debemos llevarlo a cabo.

ASESINO 1: Quédate, pues, con nosotros. En poniente aún cintila el día destellante, y rezagado, con mayor ahínco espolea al viajero para que llegue a tiempo a su posada...

La razón que explica nuestra espera, se acerca.

ASESINO 3: ¡Silencio! ¡Escucho sonidos de caballos! ¡Ya vienen!

BANQUO: *(Desde adentro)* ¡Una antorcha! ¡Necesito una antorcha! ¡Rápido!

ASESINO 2: Eh, es él: El resto de huéspedes ya están en palacio.

ASESINO 1: Sus caballos van solos.

ASESINO 3: A una milla más o menos. Como es propio de todos los hombres, la distancia que cubre de la puerta al palacio, la recorre a pie.

(Entran Banquo y su hijo Fleance con una antorcha encendida).

ASESINO 2: ¡Luz! ¡Una luz!

ASESINO 3: Es él.

ASESINO 1: No os precipitéis…

BANQUO: Va a llover esta noche.

ASESINO 1: ¡Qué llueva!

(Arremeten todos contra Banquo).

BANQUO: ¡Ah Traición! ¡Huye Fleance, huye! ¡Tú me vengarás!... ¡Infame!

(Banquo muere y Fleance logra escapar)

ASESINO 3: ¿Quién apago la antorcha?

ASESINO 1: ¿No formaba parte del plan?

ASESINO 3: Solo ha caído este. El otro, su hijo, consiguió escapar.

ASESINO 2: Hemos perdido la mitad más importante de nuestra misión.

ASESINO 1: Bueno, ahora partamos a informar de lo hecho aquí.

ESCENA IV

Un banquete frugal, entran MACBETH, LADY MACBETH, ROSS, LENNOX, CABALLEROS y SIRVIENTES.

MACBETH: Acomodaos. Ya conocéis el orden de vuestros rangos. Y del primero al último de los presentes de ellos les doy mi más cordial bienvenida.

CABALLEROS: Se lo agradecemos, Majestad.

MACBETH: En lo que respecta a nosotros, nos iremos poniendo entre ustedes para esforzarnos, humildemente, en ser vuestros anfitriones. Mientras, se mantendrá nuestra querida reina en su sitio. Cuando llegue el momento, la pediremos recibir su bienvenida.

(Entra el asesino primero)

LADY MACBETH: Fijad vuestros corazones en el suyo, las dos mitades están inflamadas en igual proporción. Me sentaré junto a vosotros. Alegraos, y, con efusión, bebamos de nuestras copas.

(Dirigiéndose al asesino primero)

¡Traes la faz ensangrentada!

ASESINO 1: Es la sangre de Banquo.

MACBETH: Antes que correr en el interior de su cuerpo, mejor se halla en tú rostro ¿Lo habéis matado ya?

ASESINO 1: Entre todos, yo mismo lo degollé, mí señor.

MACBETH: ¡Sin duda sois el más diestro de los verdugos! También merecería grandes alabanzas quien hubiese logrado hacer lo mismo con Fleance. Si lo has hecho tú también imposible sería comparar vuestra destreza.

ASESINO 1: Mi rey, Fleance pudo huir...

MACBETH: ¡Cómo! Entonces vuelve a allí. Cuan feliz sería en el caso de haber ocurrido lo inverso. Tan consistente como el mármol, con la firmeza de la roca, libre y extenso como el aire que nos cubre. Pero a mi pesar estoy en una jaula, apresado, confinado, encadenado y comprimido entre preguntas intrusivas, con miedo...

¿Está seguro el cuerpo de Banquo?

ASESINO 1: Así es, señor, en una fosa yace su cuerpo con veinte heridas en la cabeza; la menos letal acabaría con cualquier ser salido de la naturaleza.

MACBETH: Os lo agradezco. La gran serpiente yace, segura, aquí. La que ha huido, la pequeña, será, por el orden natural, venenosa en su día; aunque, por ahora, carezca de dientes...

Sal, mañana continuaremos hablando de esto.

(Sale el asesino).

LADY MACBETH: ¿Por qué no brindáis majestad? Parece un festín a pagar aquel en el que no nos avisan varias veces del gozo con que se ha preparado. Sería entonces más agradable comer en casa. Es por ello que lo tradicional es el mejor condimento para echar a la carne, si falta es como si los banquetes estuvieran desnudos.

MACBETH: ¡Mi fiel consejera! Qué gobernados por la salud siga a un buen apetito una plácida digestión.

(Brindando).

LENNOX: ¿No os sentáis, mi señor?

MACBETH: Un gran honor recibiríamos de este hermoso techo si el noble Banquo estuviese, ahora, celebrando con nosotros.

(Aparece el ESPECTRO de BANQUO, se coloca en el asiento de Macbeth)

Le increparía gustosamente su falta de cortesía con tal de no sufrir ningún infortunio. Ross: Hace culpable a su promesa, mi señor, que no haya venido. ¿Su Alteza real querrá concedernos el honor de acompañarnos?

MACBETH: La mesa ya está completa.

LENNOX: Tenéis un lugar reservado, mi señor.

MACBETH: ¿Dónde?

LENNOX: Aquí mismo, majestad ¿Os sucede algo?

(MACBETH mira su sitio, y se estremece al ver el fantasma de Banquo).

MACBETH: ¿Quién de vosotros es el responsable de esto?

CABALLERO: ¿A qué os referís, mi señor?

MACBETH: Yo no he sido, no me podéis acusar de ello: jamás te atrevas a echar sobre mi rostro la sangre de tu cabellera.

ROSS: Señores, su alteza no se encuentra bien. Levantad de vuestros asientos.

LADY MACBETH: Nobles amigos, sentaos. Tal comportamiento es común en mi esposo. Desde que era joven lo ha sufrido. Os lo ruego, seguid sentados. Estos delirios le duran poco, en unos momentos volverá a recuperar la cordura. Si se lo hacéis notar, le ofenderéis empeorando, así, su dolencia. Actuad como si nada, comed...

¿Sois hombre, señor?

(A Macbeth).

MACBETH: Y tanto, con el coraje de mirar de frente a quien haría huir al mismísimo demonio espantado.

LADY MACBETH: ¡Menuda necedad! No veis más que la proyección nacida de vuestros terrores; esa daga que dijisteis ver dibujarse en el aire, que os conducía a Duncan... ¡Oh estos arrebatos, estas conmociones temblorosas que se imponen al verdadero miedo! Valdrían para figurar en fabulas de vieja relatadas al calor de la lumbre, cuentos antes acreditados por una comadrona. ¡Es tan vergonzoso! A tales aspavientos ¿qué significados les dais? En realidad, solo veis un asiento vacío.

MACBETH: ¡Mirad allí, os lo suplico! ¡Por qué, qué me importa ... dime algo! No me causas temor alguno... ¡Puedes girar la cabeza, seguro que me puedes hablar! Si los osarios y las tumban nos devuelven a los muertos que en ellos enterramos, fauces de milanos se harán nuestros panteones.

(Sale el fantasma)

LADY MACBETH: ¿Cómo, no te ha postrado ya bastante la locura?

MACBETH: Si estoy yo aquí, es que lo he visto.

LADY MACBETH: ¡Resulta embarazoso!

MACBETH: Antes de que la civilización humana edulcorase los reinos, en épocas remotas, sangre y más sangre era derramada, fueron cometidos asesinatos demasiado horribles para el oído. Fenecía el hombre, en aquellos tiempos, con los sesos machacados, este era su final. Pero en los tiempos presentes se ponen en pie con veinte heridas sangrándoles el cráneo mortalmente, y, esto es lo insólito, nos roban los asientos.

Lady Macbeth: Digno señor, tus nobles amigos empiezan a echar en falta tu presencia.

Macbeth: Lo había olvidado. Mis buenos amigos, no os sorprendáis, Padezco una extraña enfermedad, no es nada para los que me conocen. Os deseo amor y salud a todos los que estáis aquí. Ahora me dispongo a tomar mi asiento. ¡Llenad mi copa!

(Entra el fantasma).

A la salud de todos los sentados a la mesa, y de nuestro querido Banquo, a quién extrañamos, ¡Ojalá nos acompañara! ¡Por él y por todos, brindemos!

Caballeros: Brindemos por el cumplimiento de nuestro vasallaje con vos.

(Beben todos de las copas)

Macbeth: ¡Vete! ¡Afuera ente, escapa a mi visión! ¡Qué la tierra te recubra! Friolenta tienes ya la sangre y huecos los huesos, no existe la mirada en esos ojos clavados que me ofuscan.

Lady Macbeth: Comprended, nobles vasallos, estos achaques como algo habitual y no de otra forma, aunque enturbien con su alarma la felicidad presente.

Macbeth: A lo que el hombre se atreve, yo me atrevo, Enfréntate a mi como el oso brutal de Rusia, y el acorazado rinoceronte lo harían, o como el tigre de

Hircania[40]. Toma cualquiera de estos aspectos y no será amedrentada la templanza de mis nervios. Regresa a la vida y rétame a espada en una zona desértica. Si, entonces, me vieras amedrentado temblar como ahora lo hago podrás compararme con esos bebes de trapo que llevan las niñas. ¡Vete de ahí, horripilante sombra!

¡Surreal mistificación! ¡Fuera!

(Desaparece el fantasma).

Se ha ido finalmente. Ya vuelvo a ser un hombre… Por favor, sentaos.

LADY MACBETH: Con tu desvarío has estropeado el banquete. Has hecho huir a la alegría que había en nosotros.

MACBETH: ¿Es posible la existencia de tales prodigios, y que, como nubes estivales, acostumbrados a ellas, no consigan asombraros? Provocáis la duda en mi estado al pensar lo natural de los rubies que coloran vuestras mejillas cuando el temor empalidece las mías.

ROSS: ¿Señor, qué visiones son esas?

LADY MACBETH: Os lo ruego, no os dirigías a él o su mal se agravará todavía más. Las preguntas le llenan de agitación. Ahora, buenas

---

[40] Región antigua situada en el Asia central, cerca del mar Caspio; perteneció al imperio aqueménida. La subespecie de tigre a la que nombra es similar a la del "tigre siberiano", la de mayor tamaño que existe.

noches. Que el orden de rango no os detenga al salir. Marchaos cuanto antes.

LENNOX: Buenas noches, y que la salud de su Alteza prospere.

LADY MACBETH: Que tengáis todos buenas noches.

(Se van los caballeros).

MACBETH: Se dice: la sangre llama a la sangre, siempre tendrá más sangre la sangre. Es sabido que hay árboles que han hablado y piedras que se han movido por si solas, vaticinios vistos en signos como los grajos, los cuervos y las urracas que los entendidos relacionan y han descubierto al más oculto de los hombres manchados de sangre ¿Cómo está ahora la noche?

LADY MACBETH: En disputa con la mañana, la una contra la otra.

MACBETH: ¿A que decís de Macduff que rechazaría nuestra gran invitación?

LADY MACBETH: ¿Pero enviasteis a un siervo para que lo llamara, señor?

MACBETH: No, por cierto, pero pronto ordenaré que lo hagan, De todas formas, todos mis sirvientes ahora se encuentran en sus casas. Mañana, temprano, lo haré, sí, también partiré en busca de las tres hermanas, las hechiceras. Tendrán que informarme con claridad, me dispongo a saber las causas por los medios más terribles aun cuando sean las más espeluznantes. Las demás habrán de ceder a mis intereses. He ido demasiado lejos por el camino de la sangre, retroceder o avanzar… la misma orilla, hacer una cosa o la otra da lo mismo. Abarrotan mi cabeza raros pensamientos, en mis manos los cometeré sin pararme a juzgarlos.

LADY MACBETH: Advertid, os falta lo que preserva a todo ser de la naturaleza: dormir.

MACBETH: Venid, vayamos, pues, a conciliar el sueño. la inmadurez de mi miedo a estos abusos delirantes que sufro lo explica la urgencia de darles un uso más severo, me endurecerá su hábito. Aún persiste en nosotros la juventud.

ESCENA V

Un campo árido. — Truenos.

Las TRES BRUJAS y HÉCATE y las TRES BRUJAS.

BRUJA 1ª: ¿Cómo estás Hécate[41]? Parecéis furiosa.

HÉCATE: ¡Brujas imprudentes y descaradas! ¿No tengo, acaso, sobradas razones para estarlo? Siendo yo quien os instruyo en el arte de los sortilegios, la gran hacedora de las más terribles maldiciones ¿Cómo pudisteis aventuraros a intercambiar con Macbeth nuestros prodigios mistéricos y de ultratumba? No hice mi parte, esencial. Yo habría mostrado nuestros dones en su más portentosa expresión. No solo eso, la totalidad de vuestros actos son fruto de los antojos de un hijo desalmado, rencoroso y pendenciero que, como otros antes, hace solo en base a sus ansiados beneficios. Remediad, ahora, vuestras acciones; marchad a las grutas de Aqueronte[42] y, después, al amanecer id a encontrarme; para saber de su destino, él acudirá a mí. Ahora empezad a dispo-

---

[41] Este personaje tiene la potestad sobre las hermanas brujas. No se sabe con exactitud si es otra bruja, un demonio o representa a la divinidad esencialmente maligna de la magia-véase nota [21]-.

[42] En la mitología grecorromana era un río subterráneo por el cual el barquero Caronte conducía a los muertos hacia el Hades

ner vuestros encantamientos, cribas y demás bártulos propios de la taumaturgia. Yo regreso a las aéreas moradas, en un trágico y letal propósito me serviré de la noche. Grandes acontecimientos habrán de confabularse antes de que el sol alcance su cenit. Una gota de magia que profundos enigmas secreta en su líquido, cuelga del vértice blanco de la luna. Antes de caer a tierra conseguiré atraparla, y con el arte de la hechicería, yo, voy a extraer de su forma vaporosa entes sintéticos que, con el ímpetu correspondiente a su fantasía, entre confusiones lo arruinarán. Burlándose de la muerte desdeñará los avisos sobre su destino, y por encima de toda prudencia, de todo miedo, de toda ocasión llevará sus esperanzas. Bien sabéis eso vosotras, la más temible antagonista de los vivos es la confianza.

(Música y canción).

¿No lo oís? Están llamándome. Mi diminuto espectro se impacienta en su nube por mi llegada.

BRUJA 1ª: Apresuremonos, volverá pronto.

(Salen).

ESCENA VI

Palacio de Fores.

Entra LENNOX y un caballero.

LENNOX: Lo que anteriormente te conté apenas se ha tropezado con lo que vos opinabais, habría que darle una más cuidada interpretación. Se dieron los sucesos de forma inesperada. El honorable Duncan obtuvo de Macbeth la compasión - ¡A Dios pongo por testigo! -, y, de pronto, estaba muerto. El bravo de Banquo no debió demorarse tanto en su paseo. si así lo creyerais podéis culpar a Fleance de su asesinato, pues huyó. No conviene andar hasta entrada la noche. Qué Malcolm y Donalban acabasen con el bondadoso de su padre…

¿Quién sería capaz de no pensar en la monstruosidad extrema de ese acto maldito? ¡Y de qué manera turbó a Macbeth! ¡Oh justicia airada! ¿No fue él quien se encargó de partir en pedazos a ambos culpables de la bebida y el sueño sumisos esclavos? Sí, esta acción fue noble y estuvo asistida por la prudencia, hubiera sido insoportable para cualquier corazón oír a esos hombres desmentir lo que hicieron. Ha sabido llevar correctamente estos asuntos, creo yo, y también, digo, que si bajo llave tuviese a los dos hijos de Duncan (espero, loado sea el Creador, que esto no pase nunca)

junto con Fleance comprenderían lo que significa asesinar a un padre. Pero seamos cautelosos: he podido enterarme de que Macduff cayó en desgracia por faltar a la celebración de nuestro tiránico soberano, y ser imprudente en sus comentarios. ¿Vos sabéis donde se refugia el hijo de Duncan?

CABALLERO: Al que ha arrebatado el tirano lo que por derecho de sangre era suyo, se encuentra en Inglaterra, donde tan bien acogido ha sido por Eduardo[43] y su piadosa corte que, aun de la Fortuna la mala voluntad, no se aminora la cortesía con que le tratan. Macduff imploró su ayuda al rey santo logrando convencer a los de Northumberland y al belicoso Seyward para que, en el socorro de ambos, con el permiso del Todopoderoso volvamos a tener comida sobre nuestras mesas, a conciliar el sueño por las noches, liberar de sanguinolentos cuchillos nuestros festivos banquetes, rendir homenajes lealmente y recibir honores con libertad… Aquello por lo que damos ahora tristes suspiros. No-

---

[43] Es el rey Eduardo el confesor (c 1003 - 1066), que sería canonizado como santo.

ticias que en tal irritación han sumido a nuestro soberano que, ahora, planea dar principio a una guerra.

LENNOX: ¿Es cierto que reclamó a Macduff?

CABALLERO: Sí, y con una inamovible negación de su parte el emisario, apesadumbrado, le dio la espalda como si entre murmuraciones dijese que maldita le sería la hora de dar obligado esta respuesta.

LENNOX: Así le aconsejaría de ser prudente en sus actos y de mantenerse alejado según le dicte su juicio, aprenderá a guardar la distancia conveniente. ¡Qué algún ángel del Señor vuele a la corte de Inglaterra y antes de su vuelta le facilite dar su mensaje! ¡Qué pronto y de manera repentina, una bendición acuda a salvar a este país del fétido puño que lo daña!

CABALLERO: ¡Y qué mis plegarias le acompañen!

ACTO CUARTO

ESCENA I

Truenos— en medio un caldero hirviendo.

Entran las TRES BRUJAS.

BRUJA 1ª: Por tres veces ha maullado ya el gato atigrado.

BRUJA 2ª: Tres veces y una más gruñó el puercoespín.

BRUJA 3ª: Chilla la arpía[44] ¡Ya es la hora!

BRUJA 1ª: Danzad, danzad en derredor de este caldero Echemos en él vísceras emponzoñadas. Sapo que escancia su veneno en treinta y un días con sus treinta y una noches, bajo fría losa, somnoliento, hierve primero en el líquido encantado.

TODAS: Dobla, dobla con entusiasmo y trabajo llamea fuego, a borbotes hierve caldero.

BRUJA 2ª: Piel de serpiente pantanosa cocida en nuestro caldero hierve, pata de rana, ojo de tritón pelambre de murciélago,

---

[44] Criatura zoomórfica de la mitología grecorromana con rostro y senos de mujer, pero el resto del cuerpo de ave rapaz. Es un tipo de criatura malvada.

lengua de perro, lengua y aguijón de mortal víbora extremidad de lagarto, ojo de lechuza amalgama infernal de enorme poder hierve en nuestro filtro, hierve, hierve.

TODAS: Dobla, dobla con entusiasmo y trabajo, llamea fuego, a borbotes hierve caldero.

BRUJA 3ª: Escama de dragón, diente de lobo, Bruja momificada, mandíbula y estómago de voraz tiburón, raíz de cicuta desenterrada en la negrura, hígados blasfemos de judío, dedo de niño que se ahogó en el parto que dio a luz en la fosa una mujer malvada denso haz el brebaje, hazlo viscoso, y arroja en el caldero como nuevo ingrediente tripas de tigre.

TODAS: Dobla, dobla con entusiasmo y trabajo llamea fuego, a borbotes hierve caldero.

BRUJA 2ª: Que te enfríe la sangre del simio, así el hechizo funcionará.

Entran HÉCATE y LAS OTRAS TRES BRUJAS.

HÉCATE: Aplaudo vuestro trabajo, bien hecho, Cada una de vosotras tendrá la recompensa a su celo. Ahora entonad canciones alrededor del caldero, Como elfas y hadas en un anillo cantad Y encantad todo lo que hierve.

BRUJA 2ª: Por la picazón que hay entre mis dedos Noto a la infamia aproximarse. Sea quien sea, quitad los cerrojos.

Entra MACBETH.

MACBETH: ¿Qué tramáis secretos de la noche, oscuras hechiceras? ¿Qué hacéis?

TODAS: Algo sin nombre.

MACBETH: Yo os invoco por aquello que profesáis, venga su saber del inhóspito lugar que sea, dadme respuestas:

aunque hagáis que vientos contra los lugares sagrados se estrellen, aunque confundidas las crespas olas engullan toda navegación, aunque el grano todavía verde sea abatido y una ventisca desprenda los árboles de sus raíces, y den su frente en los cimientos pirámides y palacios. Aunque los castillos caigan sobre las cabezas de sus guardianes, o se unan entre si los gérmenes preciados por la Naturaleza hasta que nauseabunda se torne toda destrucción dad respuestas a mis preguntas.

BRUJA 1ª: Hablad.

BRUJA 2ª: ¿Qué nos demandáis?

BRUJA 3ª: Contestaremos tus dudas.

BRUJA 1ª: Dinos si prefieres oír de nuestras bocas la respuesta; o bien elegís escucharla de nuestros superiores.

MACBETH: Quiero verlos ¡llamadlos ya!

BRUJA 1ª: Echad al fuego la sangre de una puerca que se haya comida a sus nueve lechones, grasa espesa que es liberada desde el patíbulo del asesino.

TODAS: Desde las alturas o lo más hondamente abisal venid y mostrad vuestro poderío.

(Truenos. — aparición de una cabeza armada).

MACBETH: Responde, presencia desconocida.

BRUJA 1ª: Él sabe todo lo que rondan tus pensamientos atiende a sus palabras y mantente en silencio.

APARICIÓN 1º: Macbeth, Macbeth, se precavido con Macduff. y también con el barón de Fife. Basta, adiós Macbeth.

(Desaparece).

MACBETH: Quienquiera que seas agradezco tu aviso. Has dado con exactitud en mi temor... ¡Esperad! Aconsejadme de una cosa más.

BRUJA 1ª: Ya no serás escuchado por él, otro ente, uno superior, se acerca.

(Truenos. — Aparición de un niño ensangrentado).

APARICIÓN 2º: ¡Macbeth, Macbeth, Macbeth!

MACBETH: Si tuviera para oírte tres oídos.

APARICIÓN 2º: Se firme y ávido de sangre, se valiente podrás tomar a mofa el poder de los hombres. Nadie nacido de mujer podrá herir a Macbeth.

(Desaparece)

MACBETH: ¡Si es así vive Macduff! No hay razón para temerte. Pero para no inmiscuir al hado en un compromiso, voy a mandar matarte para que pueda dormir al fin y limpie el temor que me desgarra, a despecho del mismísimo trueno.

(Truenos. — Aparición de un niño coronado, con una rama frondosa en la mano).

¿Qué ente es este que así brota? Parece de sangre real y porta en su impúber frente el símbolo de la soberanía.

TODAS: Escúchale en silencio.

APARICIÓN: Olvida las conspiraciones que hay contra ti, con la templanza altiva del león menosprecia las quejas y los murmullos de los que te odian. Macbeth solo será vencido cuando el gran bosque de Birnam[45] se encamine por la elevada colina de Dunsinane a por él.

MACBETH: Tal cosa es imposible que ocurra. ¿Quién podría formar un ejército de un bosque ¿Haciendo que se arranquen los árboles de sus propias raíces y empiecen a andar? ¡Qué gratos presagios! Rebeldes moribundos No oséis alzaros hasta que lo haga el bosque de Birnman Y viva Macbeth lo que ha des-

[45] Según las crónicas Macbeth dejó su castillo de Inverness tras hacerse construir otro sobre el monte Dunsinane (situado al oeste de Escocia entre las ciudades de Perth y Dundee).

tinado la naturaleza y propine el último suspiro de la muerte. Todavía hay una cosa que mi corazón ansía saber:

dime, si es que puede tu arte decirme tanto, ¿Será algún día rey de estas tierras un sucesor de Banquo?

TODAS: No quieras saber más.

MACBETH: ¡Ansió que me complacéis! Si no me declaráis esto Que sobre vosotras caiga la eterna maldición ¿Por qué se hunde, decidme, esa caldera?

BRUJA 1ª: ¡Apareced!

BRUJA 2ª: ¡Apareced!

BRUJA 3ª: ¡Apareced!

TODAS: Mostraos a sus ojos y de ácida amargura llenad su corazón. Como las sombras venid y marchaos.

(Pasan por el proscenio las sombras de ocho reyes. El último lleva un espejo. — La sombra de Banquo los sigue).

MACBETH: Te asemejas en exceso con la sombra de Banquo se parece. ¡Atrás! ¡Quema mis ojos su corona!: Y tu pelo y tu frente se parecen a la segunda sombra, y a esta la tercera que la sigue la primera ¡Brujas inmundas! ¿Qué visión es esta que me enseñáis?... También el cuarto es similar ¿Habrá de prolongarse este linaje hasta el fin de los tiempos? ¿Otro más?... ¿Siete van ya? ¡No, ya no quiero ver más! Y con un espejo aparece otro que me muestra a tantos otros mas y puedo ver a algunos portando dos esferas y tres cetros. ¡Una visión terrible! Veo ahora que era todo verdad, desde su cabeza ensangrentada Banquo me sonríe e indica que todos ellos son de su linaje. ¿Esto es verdad?

BRUJA 1ª: Así es mi señor. ¿Acaso Macbeth está sorprendido? Hermanas, alegremos su espíritu y mostrémosles nuestros mejores recursos. Haré un conjuro en el aire para que vosotras dancéis en círculos a su alrededor mientras una música arcaica acompaña a vuestro baile circular. Qué este gran monarca quede complacido con la danza con que le bendecimos y pueda hablar de ella entre homenajes.

(Desaparecen danzando)

MACBETH. después LENNOX.

MACBETH: ¿Dónde está la visión? ¡Se han ido! Que esta malévola hora se petrifique maldita en el calendario. ¡Lennox, entrad!

(Entra LENNOX.)

LENNOX: ¿Sí, mi Majestad?

MACBETH: ¿Visteis a las tres brujas?

LENNOX: No, mi señor.

MACBETH: ¿No pasaron sus sombras a tu lado?

LENNOX: Os juro que no, mi señor.

MACBETH: Infectas sean las rachas de aire por donde bogan, y sea maldecido el que haga caso de sus palabras. He oído el galope de unos caballos ¿Quién ha venido?

LENNOX: Dos o tres jinetes mi señor, anunciaron que Macduff se ha fugado a Inglaterra.

MACBETH: ¿A Inglaterra?

LENNOX: Hacia sus costas, mi señor.

MACBETH: *(Aparte)*

¡A mis terribles presentimientos te has adelantado oh tiempo! Solo acompañado por los hechos se cumple el breve propósito. El principal deseo de mi mano será desde ahora El mayor deseo de mi corazón. En este momento Para que reciban mis pensamientos el cetro real de la acción, Que se haga loque ideo:

Asaltaré por sorpresa el castillo de Macduff y sitiaré Fife. Pasaran por mi espada los suyos: su mujer, sus hijos y todos los demás pertenecientes a su malaventurado linaje. Basta ya de bravuconadas. Ejecutaré esta acción antes de que la voluntad se me enfrié. ¡Fuera visones! Los caballeros ¿Dónde están? Vamos, llevadme ante ellos.

ESCENA II

Fife. — Apartamento del castillo de MACDUFF.

Entran MACDUFF, SU HIJO, y ROSS.

LADY MACDUFF: ¿Qué delito habrá cometido para fugarse del país?

ROSS: Sed paciente, mi señora.

LADY MACDUFF: Él careció por completo de ella, su huida fue irracional. Cuando los hechos no nos convierten en traidores, se encarga el miedo de hacerlo.

ROSS: Mi señora, no sabéis todavía si fue la prudencia o el temor lo que le impulsó a fugarse.

LADY MACDUFF: ¡Prudencia decís! ¿Es prudente, acaso, dejar a su esposa, hijos y títulos al amparo de la suerte, en el mismo lugar del que atolondrado se marchó? Incluso el más pequeño de entre los pajarillos, el reyezuelo[46], defiende de las garras de la lechuza a sus pobres polluelos, es el miedo en su totalidad, nada queda del amor cuando levanta de tal manera el vuelo en contra de lo razonable, no, primo, no nos ama.

---

[46] Pájaro de nueve centímetros de longitud, alas cortas y un vistoso plumaje que habita en gran parte del continente europeo.

Ross: Controlaos, prima querida, os ruego que lo hagáis. Habéis de saber que a vuestro esposo lo caracteriza un buen juicio. Es de noble prudencia, muy consciente de los tiempos que nos ha tocado vivir. No hace falta que diga más, la crueldad domina estos tiempos pues podemos ser traidores e ignorarlo, de lo que nos atemoriza oír hablar e ignorar que es lo que nos causa tanto temor. Flotamos sobre un mar que de un lado es violento y voraz del otro. De vos me despido:

no he de demorarme mucho en volver aquí. Si el mal cuando culmina no cesa, regresa a su punto de partida. ¡Ah mi pequeño deudo, que te bendiga la bóveda celestial!

Lady Macduff: Su padre vive y parece huérfano.

Ross: Sería imprudente prolongar mi ida de este lugar. Solo conseguiría empeorar mi situación y aumentar vuestro dolor. Parto ya, mi señora, adiós.

(Ross se va)

Lady Macduff: ¿Qué será de ti ahora hijo mío? ¿Cómo podrás sobrevivir? Tu padre ha muerto.

Hijo: Como los pájaros en el cielo, madre.

Lady Macduff: ¿De gusanos y moscas?

Hijo: No, digo que al igual que ellos viviré como pueda.

LADY MACDUFF: ¡Mi desgraciada avecilla! ¿No tendrás miedo de las trampas, redes, ligas y lazos?

HIJO: ¿Y a qué tanta precaución, madre? No colocan esas trampas a los pájaros desgraciados, además, pese a lo que dicen vuestras palabras, mi padre no está muerto.

LADY MACDUFF: Sí, hijo, sí que está muerto ¿Qué harás para encontrar a otro padre?

HIJO: ¿Y cómo haréis vos para buscar a otro marido?

LADY MACDUFF: En cualquier feria puedo comprarme veinte o más si quiero.

HIJO: En tal caso los comprareis para luego ponerlos en venta.

LADY MACDUFF: Hablas con toda la sutileza de la que te vales, y por mi fe, que para tu edad tienes de sobra.

HIJO: ¿Mi padre fue un traidor, madre?

LADY MACDUFF: Sí, hijo, lo era.

HIJO: ¿Y qué es un traidor?

LADY MACDUFF: Todo aquel que jura y, luego, miente a su juramento.

HIJO: ¿Y todos los que actúan así son traidores?

LADY MACDUFF: Sea quien sea el que comete esa falsedad es, sin duda, un traidor y debería ser llevado a la horca.

HIJO: ¿Y todo el que jura y miente debería ser ahorcado?

LADY MACDUFF: Es ley que lo sean cada uno de ellos.

HIJO: ¿Y quién debe ejecutar la acción de ahorcarlos?

LADY MACDUFF: Los hombres honrados.

HIJO: Entonces son necios todos aquellos que juran y todos aquellos que mienten, porque son numerosos los que cometen perjurio y caen en la mentira para acabar con los hombres de bien, colgándolos.

LADY MACDUFF: ¡Qué Dios se apiade de ti, mi pobre cachorro! ¿Dónde podrás hallar a otro padre?

HIJO: Si realmente mi padre hubiese muerte, lloraríais su pérdida. En caso de no hacerlo sería una señal irrefutable de que pronto le va a sustituir un padre nuevo.

LADY MACDUFF: ¡Mi pobre charlatán! ¡Qué boca tienes!

(Entra un EMISARIO).

EMISARIO: ¡Qué Dios os de su bendición! No me conocéis, noble señora, pero yo de vos si se lo elevado de vuestro rango. Temo que algún mal os ponga en peligro. Y si podéis aceptar que un súbdito de tantos otros que tenéis a vuestro servicio os aconseje, cuidaos y huid de aquí con vuestros niños, si no os encontrarán. Se lo increíblemente descortés que resulta asustaros así, sería de una colosal perversidad haceros algo peor, y el peligro ya esta cerca de vos ¡Qué Dios os proteja! No debería permanecer más tiempo en este lugar.

(Se va).

LADY MACDUFF: ¿Huir? ¿Adonde? No he hecho daño a nadie ¡Ah! Ahora recuerdo que en este mundo hacer el mal es muchas veces motivo de alabanza y, en cambio, hacer el bien una muy arriesgada locura. Si esto es así ¿De qué me puede valer argumentar excusas mujeriles? ¿De qué me sirve declamar que no dañé a nadie?

(Entran TRES ASESINOS).

¿A quiénes pertenecen esos rostros?

ASESINO 1: ¿Dónde está vuestro marido?

LADY MACDUFF: Espero que en un lugar nada infectado por la profanación que surge de este, donde tu no puedas dar con él.

ASESINO 1: Es un traidor.

HIJO: Mientes malhechor hediondo.

ASESINO 1: ¿Qué puedes decirme tú a mí, mocoso, (*Hiriéndole*)

bastardo de un infame traidor?

HIJO: Me ha apuñalado, me muero madre. ¡Salvaos, corred! (*Muere*).

LADY MACDUFF : (*Huyendo y a gritos*) ¡Asesino!

ESCENA III

Inglaterra. —en el palacio real.

Entran MALCOLM y MACDUFF.

MALCOLM: Busquemos una sombra desolada y allí, en lágrimas, salvaremos del ahogo nuestros corazones.

MACDUFF: Empuñemos antes, con vigor, nuestras espadas letales, y como verdaderos hombres que somos restauremos nuestra agonizante tierra. Cada día conoce los gemidos violentos de otras nuevas viudas Y otros nuevos huérfanos, tormento enfebrecido de un cielo que comparte su sufrimiento con la faz de Escocia, y, juntos, vociferan los alaridos de su inmenso dolor.

MALCOLM: Lamentaré lloroso lo que crea, y aquello que sepa es lo que creeré. Y si me es propicia la ocasión remediaré lo que pueda remediar. Sí, quizá sea verdad lo que habéis contado. Ese monstruo, de cuyo nombre solamente el pronunciarlo sentimos perforársenos la lengua, aparentaba ser un hombre honesto. Vos le tuvisteis un afecto sincero y a día de hoy no os ha hecho nada todavía. Soy joven, a mi costa podríais obtener algún favor suyo. Es de ser astuto sacrificar a un inocente de tan débil y vulnerable cordero para lograr que un dios furioso se apacigüe.

MACDUFF: ¿Me llamáis traidor? No lo soy.

MALCOLM: Lo que digo es que Macbeth lo es. Una persona de naturaleza virtuosa y buena se plegaría ante un imperio. No obstante, os rogaré que me perdonéis:

Mi pensamiento no puede trocar vuestra naturaleza, los arcángeles seguirían iluminando aunque el más brillante, el que más luz irradia de todo ellos cayera al abismo. Aunque adopte lo degenerado el atuendo de la virtud, también debe la virtud adoptar su atuendo.

MACDUFF: He perdido toda esperanza.

MALCOLM: Tal vez se encuentran donde yo halle mis dudas ¿Por qué abandonaste a tu esposa y a tu hijo, allí, desvalidos, con los lazos de amor que guardas con ellos, sin despedirte, al menos? Os suplico que no permitáis que sean mis sospechas la causa de vuestra deshonra. Vos podéis ser el más justo con independencia de lo que yo pueda pensar.

MACDUFF: ¡Ay cómo se desangra mi patria, sangra y sangra! Tu inmensa tiranía con firmeza se yergue sobre sus cimientos, pues no osarán los virtuosos enfrentarte. ¡Ha sido confirmado tu poder! Viste tus increpaciones…

Señor, adiós… no sería el malhechor que pensáis ni por todo lo que podría acaparar la pesada zarpa de la tiranía, ni el oro del Oriente añadiéndose a él.

MALCOLM: No os sintáis afectados por mis pensamientos, No digo estas cosas por temor a vos. Creo que nuestra tierra Muere bajo el yugo y sangra y llora y cada nuevo amanecer aparece con una herida que rompe sus antiguas cicatrices. Creo también que debe haber brazos capaces de alzarse para salvar, unidos, mi causa. Y aquí, en la tierra de los ingleses, son miles los guerreros que se ofrecen a ayudarme, pero, aunque sobre la testa del tirano pusiese vencedor mi pie, o clavase la punta de mi espada en su cabeza, mi desgraciada tierra sería más mísera de lo que antaño fue y diversas serían las formas de su dolor a manos del próximo sucesor al trono.

MACDUFF: ¿Quién sería?

MALCOLM: Estoy hablando de mí mismo. Conozco a la perfección los vicios con que se ceba mi interior. descubiertos harían parecer blancura nívea la negrura de Macbeth; y como un inocente cordero estimaría nuestro Estado miserable al compararle con mi ilimitada pecaminosidad.

MACDUFF: Ni entre todas las hordas infernales podría encontrarse una abominación, un demonio, como Macbeth.

MALCOLM: Sí, es un hombre sanguinario inflado de todos los pecados con nombre:

la avaricia, la malicia, la violencia, la perfidia, la lujuria y la falsedad. Pero no hay fondo en el pozo de mi voluptuosidad. Ni todas las esposas, ni todas las hijas, doncellas y matronas llegarían a calmarlo, y si mis pasiones enfrentase rompería el hambre carnal que me posee las murallas de la moderación. Macbeth es preferible a un hombre como yo.

MACDUFF: La desmesura sin cercos que la limiten es un abuso de la Naturaleza. Ha sido el origen de tronos prematuramente vacíos, y del crepúsculo de monarcas felices. Pero no debéis temer la recuperación de lo que os pertenece. Vos podrías ejercitar vuestros placeres y encontrar la plenitud con una condición: engañando al mundo con una apariencia fría. No menguan las doncellas complacientes, no es posible que habite en vos un buitre devorador de tantas como entregarse desearían a vuestra magnificencia real.

MALCOLM: Entre mis vicios también esta cobijada una tan inmensa avaricia que mataría el rango de noble con tal de quedarme con sus tierras en el caso de ser rey. Desearía los tesoros de uno y del otro la casa y cuanto más tuviese serviría tan solo de tentación para que mi apetito acrecentase, e inventaría así, contra los buenos y leales, querellas nada justas para destruirlos, todo por obtener sus riquezas.

MACDUFF: Eso conlleva males mayores, se necesita de las virtudes para combatir la avaricia.

MALCOLM: Carezco de las virtudes que doran la imagen de un rey como la justicia, la templanza, la franqueza, la bondad, la perseverancia, la firmeza, la clemencia, la humildad, la paciencia, la fortaleza, la devoción, la bravura… En absoluto conozco a alguna de ellas. Pero en mí son abundantes los tipos de actos criminales todos las que existen cuando los llevo a cabo. Con poder echaría en el inframundo la leche de la conciliación, provocando el caos en la paz de la tierra y enviando la unidad equilibrada de la naturaleza su fin.

MACDUFF: ¡Escocia, Escocia!

MALCOLM: Si es digno del manto real un hombre como yo, decídmelo, soy como he descrito.

MACDUFF: ¿De reinar dices? ¡Un hombre como tú no es digno de vivir! ¡Oh nación miserable, con un usurpador que sanguinario la oprime, el muy tirano ¿Cuándo renacerás para ver auroras llenas de plenitud, El heredero legítimo de tu trono, a si mismo se desprecia mancillando la sangre loable de sus antepasados?

Vuestro padre era un noble y santo monarca; la reina que sobre sus rodillas os dio a luz, y no sobre sus pies, perdía la vida cuantos días estaba en este mundo. Qué Dios os proteja. los vicios que me habéis confesado han terminado por hacerme preferir el destierro a seguir en Escocia. Aquí concluye la esperanza que guardaba de mi pecho.

MALCOLM: Tu pasión limpia, Macduff, nacida de lo que es íntegro ha borrado lo que toma forma de negros escrúpulos en mi alma, habiendo una reconciliación entre tu noble espíritu y mis especulaciones, ya no me pueden las dudas. Macbeth el infernal ha pretendido superarme, con trucos como esos ha ganado su poder; pero la prudencia me avisó del peligro en abalanzarme a la credulidad. Qué entre los dos interceda el Todopoderoso, en este mismo instante, guardo todo mi ser bajo tu protección, y me arrepiento de las acusaciones que hice de mi: aquí abjuro de las manchas culpables que vertí sobre mi mismo como desconocidas a mi persona natural. Aún no he jurado en falso, ni si quiera he llegado a yacer con ninguna mujer nunca me acometió el deseo de poseer lo que me pertenece por derecho. No he faltado a mi palabra y renegaría de traicionar al demonio con uno de su séquito. No me place tanto la vida como la verdad.

Cuando os hablé de mí mismo ha sido la primera vez que mentí. Si algo puedo asegurarte es que soy un hombre a tu mandado, y al de mi afligido país. Y, sí, antes de que llegarais, hacía ese lugar, ha preparado la ida a la batalla con diez mil buenos guerreros el anciano Seyward. Ahora iremos juntos, y que la causa honorable a la que blasonamos haga igual de honorable nuestra suerte. ¿Por qué no decís nada?

MACDUFF: No es nada, solo que me es difícil aceptar tantas cosas desagradables y tantas cosas buenas a un mismo tiempo.

(Entra UN MÉDICO).

MALCOLM: Hablaremos después. ¿Viene ya el rey?

MÉDICO: Así es señor, una gran cantidad de desgraciados, demoran para que él los alivie. Los males que padecen van más allá de la sufrida ciencia. Pero admirad la prodigiosa maravilla que los santos cielos concedieron a su mano, de un simple toque los cura de inmediato.

MALCOLM: Gracias, doctor.

MÉDICO: Os guarde el cielo santo.

(Sale el médico).

MACDUFF: ¿Qué enfermedad es esa?

MALCOLM: La han puesto de nombre: el mal del rey. Es el milagro curativo que en más de una ocasión he visto hacer al rey en

Inglaterra. Cómo logra la intercesión celestial, solo él lo sabe. Pero a enfermos inexplicables, llenos de ulceras e inflamaciones que mirar asola en la pesadumbre, han sido curados por él al rezar mientras pone en sus cuellos un collar de oro. Y dicen que dará en herencia esta santa maravilla a sus reales descendientes. Si este don ya es de por si insólito, también tiene la facultad celeste de la adivinación. Ornamentan su corona incluso más méritos, cuentan: fue elegido por la gracia de Dios.

(Entra ROSS).

MACDUFF: Mirad que aquí llega.

MALCOLM: Es un compatriota, pero aún no he tenido el favor de conocerle.

MACDUFF: ¡Mi querido primo! Bienvenido seas a Inglaterra.

ROSS: Así sea, mi señor.

MACDUFF: ¿Continua Escocia como antes.

ROSS: ¡Qué patria más desgraciada! Da pavor el solo reconocerla. Más que madre debe ser llamada nicho. Salvo los que no saben nada nadie es capaz de sonreír. Lugar en el que gemidos, ayes y lamentos brotan desgarrando el aire sin que nadie pueda advertirlos, donde la agresividad terrible del dolor parece un estado común. Suenan tañidos por un hombre muerto, y no hay entre las gentes Ni una sola que se pregunte por quien tocan, y la vida de los hombres buenos se extingue antes que en sus caperuzas las flores Para acabar feneciendo antes de sufrir una enfermedad.

MACDUFF: Una muy elaborada narración, pero totalmente cierta.

MALCOLM: ¿Cuál ha sido el último infortunio del que tenéis noticia?

ROSS: Tan decrepita es la de hace una hora que a quien la cuenta se le silba, pues que cada minuto trae una nueva.

MACDUFF: ¿Cómo está mi mujer?

ROSS: Muy bien.

MACDUFF: ¿Y mis hijos?

ROSS: Igual que ella.

MACDUFF: ¿el despreciable no perturbó su descanso?

ROSS: No, cuando yo me fui estaban perfectamente.

MACDUFF: No seáis avaricioso con vuestras palabras, y decidme lo que ocurre.

ROSS: Cuando vine hacía aquí a informaros pude enterarme por el correr de los rumores, de que varios hombres leales se habían amotinado, y de veras creo que así hubo de suceder. Pero llegué a ver dispuestas las huestes del tirano. Ha llegado la hora de prestarnos su ayuda. Vuestra sola presencia en Escocia haría surgir soldados llevando, también, a mujeres a la reyerta con tal de liberarse de su crudísimo sufrimiento .

MALCOLM: Entonces, que se consuelen con nuestra ida hacia allí. Él noble rey de Inglaterra nos ofrece, junto a diez mil guerreros, al honrado Seyward, y te aseguro que un soldado tan experto no lo hallaríamos en toda la cristiandad.

ROSS: ¡Ah ojalá pudiese corresponder con un consuelo similar! Pero mis palabras habrían de rugir como un aullido en el aire desierto donde ningún oído pudiese escucharlo.

MACDUFF: Contadnos ¿de qué se trata? ¿De un dolor que nos afectaría a todos o a una única persona?

ROSS: No existe hombre honesto al que no afligiría este dolor, Pero la mayor parte del mismo os afligiría a vos.

MACDUFF: Si esa gran parte es mía no la ocultéis ¡Vamos, quiero conocerla!

ROSS: Que no maldigan mi lengua tus oídos hasta el fin de los tiempos, voy a agredirlas con el más horrible sonido que hayan nunca antes escuchado.

MACDUFF: ¡Creo saberlo!

ROSS: Por sorpresa sitiaron el castillo, y mataron a tu mujer y atus hijo de forma bestial. Deciros la forma de sus asesinatos conllevaría vuestra muerte.

MALCOLM: ¡Cielo santo, oh! No ocultéis nunca el ceño en vuestra frente, amigo, Conceded a la tristeza la palabra, el dolor que silencia sus cuitas Susurra al corazón ya repleto de él y le dice que estalle.

MACDUFF: ¿Mis pequeños, también?

ROSS: A vuestra mujer, a vuestros hijos, sirvientes, comensales…

Todo el que tuvo la mala suerte de encontrarse con ellos.

MACDUFF: ¡Y yo tan lejos! ¿También mi esposa?

ROSS: Lo he dicho.

MALCOLM: Juntos hagamos de la venganza la medicina que alivie tu dolor atroz.

MACDUFF: ¿Has dicho que a todos mis niños? ¿A todos?

¡Pajarraco del infierno! ¿a mis polluelos y as u madre también con sus zarpas?

MALCOLM: ¡Luchad como hombre que sois!

MACDUFF: Pienso hacerlo, más permitidme que tal hombre que soy ¿cómo podrá olvidarme de la existencia reciente de estas criaturas que han muerto por mi culpa? ¡Y el cielo fue testigo de semejante horror y no quiso tomar parte! ¡Macduff estás maldito! ¡Murieron todos a los que amabas por tu culpa! ¡Ay, infame de mí! No por sus faltas sino por las mías cayó sobre sus almas el crimen. ¡Que ahora el cielo les de reposo!

MALCOLM: Esta sea la piedra en que se afile vuestra espada Que el dolor vire en ira, en vez de apagar la luz De vuestro corazón, encendedlo en rabia.

MACDUFF: Podría sollozar con lágrimas mujeriles pero decir palabras de bravucón. ¡Pero yo os pido, oh cielos, que se acorte el momento; haced que cara a cara pueda enfrentarme a ese demonio de Escocia; ¡ponedlo al alcance de mi espada y si se salva que también a él perdonen los cielos!

MALCOLM: Ese es tono sí que es propio de varones. Vayamos ante el rey. Nuestros ejércitos ya están preparados; tan solo falta iniciar la marcha. Macbeth ya está lo suficientemente maduro para su caída y tiene el cielo ya dispuestas sus armas. Confortaos con lo que os pueda alegrar, que no hay noche tan larga que no termine al alba.

ACTO QUINTO

ESCENA I

Entra UN DOCTOR DE MEDICINA. UNA DAMA DE LA CORTE. Después LADY MACBETH.

DOCTOR: Dos noches os he acompañado en vuestra vigilia; pero no puedo descubrir la verdad del relato que me hacéis. ¿Cuándo salió la última vez?

DAMA: Desde que Su Majestad partió a la batalla he visto como se levantaba de sus aposentos, echarse la bata sobre sus hombros, abrir su escritorio, y sacar un papel, doblarlo, escribir en él, leerlo, cerrarlo, sellarlo, y volver a la cama. Y todo esto sumergida en el más profundo sueño.

DOCTOR: Gran perturbación de la naturaleza es recibir a la vez los beneficios del sueño y actuar como quien está despierto. Y en esa soñolienta agitación, además de sus paseos y de otros actos ¿qué le habéis oído decir?

DAMA: La he oído, doctor, lo que jamás descubriré.

DOCTOR: A mí me lo podéis decir, conviene que lo sepa.

DAMA: Ni a vos ni a nadie sin tener testigos que confirmen mis palabras.

(Entra LADY MACBETH durmiendo y con una vela encendida).

Miradla, allí viene , esa es su apariencia común y por mi vida que os aseguro que está totalmente dormida.

DOCTOR: Y esa luz que llevé ¿De dónde la cogió?

DAMA: La tenía junto a ella. Siempre una luz la acompaña, así ella lo ordenó.

DOCTOR: Mirad. Tiene los ojos abiertos.

DAMA: Sí, pero los sentidos cerrados.

DOCTOR: ¿Qué hace? ¿por qué se frota de esa manera las manos?

DAMA: Es costumbre suya hacer como si se las lavara. La he visto sin cesar de hacerlo un cuarto de hora seguido.

LADY MACBETH: ¡Todavía está aquí la mancha maldita! ¡vete, te digo! ¡Fuera!... Una y dos, Bien, ya ha llegado el momento de hacerlo... sombrío es el infierno... ¡Vergüenza, mi señor, vergüenza! ¿Es posible, un soldado asustado? ¿Por qué temer que eso se sepa cuando nadie podría perder explicaciones a nuestro poder ostentoso? ¿Quién habría pensado que el viejo tuviese tanta sangre?

DOCTOR: ¿Oísteis eso que dijo?

LADY MACBETH: El señor de Fife, tenía una mujer. ¿Dónde está ahora? ¿Cómo? ¿Y nunca se limpiarán estas manos? No hablemos más de eso, mi señor. Todo lo desgraciáis con vuestros sobresaltos.

DOCTOR: Estupendo, ahora señora sabéis todo lo que no debíais saber.

DAMA: Ha dicho lo que no debía decir... Solo el cielo sabrá lo que ella sabe.

LADY MACBETH: (*Se huele las manos*). El olor de la sangre está aquí todavía. Ni todos Los perfumes de Arabia podrían hacer desaparecer este hedor De mis diminutas manos ¡Ay, Ay!

DOCTOR: ¡Qué suspiros! Su corazón tan recargado está de dolor que ya no aguanta más.

DAMA: No quisiera guardar en mi pecho un corazón como ese y mantener la dignidad en mi cuerpo.

DOCTOR: Bien, bien, bien.

DAMA: Pedid a Dios que sea para bien, doctor.

DOCTOR: Esta enfermedad sobrevuela mis conocimientos. Sin embargo, Se casos De gentes que durmiendo morían serenamente en sus lechos.

LADY MACBETH: Lávate esas manos. Ponte la bata de dormir. No estés tan pálido. Os lo diré otra vez si hace falta, Banquo fue enterrado, no es concebible que salga de su tumba.

DOCTOR ¿Y eso también?

Lady Macbeth: Al lecho, vamos, al lecho. Llaman a la puerta. Venid, venid, vamos, vamos:

dadme la mano: lo que está ya hecho no puede deshacerse: ¡Al lecho, al lecho!

(Se va LADY MACBETH).

Doctor: ¿Se irá a acostar ahora?

Dama: Inmediatamente.

Doctor: Corren murmuraciones horribles. Los actos que van en contra de las leyes de la Naturaleza tienen consecuencias antinaturales. Y las mentes envenenadas confesarán a la almohada sus secretos. No una medicina, sino ayuda divina es lo que necesita. Más necesidad tiene de sacerdotes que de médicos. ¡Dios Padre perdónanos a todos! ¡Cuidadla: quitad de su presencia toda vejación! No dejéis de vigilarla… Ahora, buena noches. Ha dañado mi mente y llenado mis ojos de estupefacción. Pienso en lo que he visto, más no me atrevo decirlo.

Dama: Buenas noches, buen doctor.

ESCENA II

Campo en las cercanías de Dunsinane.

Entran MENTETH, CATHNESS, ANGUS, LENNOX y SOLDADOS con tambores y banderas.

MENTETH: Las huestes inglesas están cerca , conducidas por Malcolm y su tío el noble Seyward, a todos ellos los acompaña Macduff; arde en ellos la venganza, pues los males sufridos, tanta sangre vertida incitaría a los mismísimos muertos a luchar.

ANGUS: Cerca del bosque de Birnam los encontraremos. Van por ese camino.

CATHNESS: ¿Sabe alguien si Donalbain acompaña a su hermano?

LENNOX: Mi señor no está junto a él. Tengo la lista de todos los nobles, y el hijo de Seyward está entre ellos y muchos otros jóvenes aún sin atisbo de barba que van a dar sus primeras muestras de hombría.

MENTETH: ¿Y el tirano, qué hace?

CATHNESS: Fortifica el sólido castillo de Dunsinane. Dicen algunos que ha perdido el raciocinio; los que menos detestan al tirano dicen que está poseído de una airada bravura. Pero lo cierto es que no pueden controlar su desesperación con el cinturón de la ley.

ANGUS Ahora siente como la ocultación de sus crímenes le perforan las manos Rebeliones constantes le gritan sus infamias Los que están a sus órdenes solo le obedecen por eso Nunca movidos por el aprecio a su su rey. Siente el peso de sus títulos como bajo el manto de un jayán un ladrón enano.

MENTETH: ¿Y quién podría hacer retroceder el tormento que turba sus sentidos y censurarlos, si todo lo que alberga su interior lo condena a si mismo?

CATHNESS: ¡Bien! ¡En marcha! Prestemos obediencia a quien la merece vayamos a descubrirle a este hombre enfermizo la medicina que necesita y toda, hasta la última gota, verteremos para salvar nuestra patria.

LENNOX: O cuanto sea preciso echar para regar la flor de la corona y destruir lo execrable. Ahora vayamos a Birnam.

ESCENA IV

Apartamento del castillo de Dunsinane.

Entran MACBETH, UN MÉDICO y ACOMPAÑAMIENTO. Luego UN CRIADO y SEITON.

MACBETH: Basta ya de noticias, que huyan todos Hasta que no avance en dirección a Dunsaine el bosque de Birnam no seré afectado por el miedo . ¿Malcolm acaso no fue dado a luz del vientre de una mujer? ¿Quién es ese entonces? Así lo auguraron los entes Sabios conocedores del sino de los hombres:

No tengas miedo, Macbeth; no hay hombre nacido de mujer Que vaya a tener poder sobre ti. Huid, pues, falsos caballeros y mezclaos a esos remilgados ingleses. Me guía este pensamiento y este corazón que llevo y ante la incertidumbre nunca se doblegarán ni al temblor del miedo.

(Entra un sirviente).

¡Qué el diablo te tiña de negro, necio de cara lívida! ¿De dónde has sacado esa cara de ganso?

SIRVIENTE: Mi señor, son diez mil.

MACBETH: ¿Diez mil gansos, villano?

SIRVIENTE: Soldados señor.

MACBETH: Ve y pellizca tu cara y que se cubra tu temor de rojo, baboso de hígados blancuzcos. ¿Qué soldados, necio? ¡Que la maldición caiga sobre tu alma! Tus pálidas mejillas son consejeras del temor. ¿Qué soldados, rostro cadavérico?

SIRVIENTE: Ya diviso las huestes inglesas, con vuestro permiso.

MACBETH: ¡Afuera! ¡Apártate de mí vista!

(Sale el sirviente).

¡Seyton! Ven aquí, cuanto observo daña a mi corazón. ¡Seyton he dicho!... Este golpe o me dará una inmortal alegría, o, por el contrario, me destronará al instante. Suficiente he vivido ya, mi vida declina hacia su atardecer como amarillean las hojas en otoño Y no debo pretender todo aquello que acompañaría noblemente a la vejez: amigos y amor. En lugar de esto Ahogadas maldiciones muy profundas. Servil adulación, palabras que el corazón negaría sin lanzarse a hacerlo. ¡Seyton!

(Entra SEYTON).

SEYTON: Se confirma todo lo que os dijo.

MACBETH: Lucharé hasta que arranquen la carne, hecha picadura, de mis huesos. ¡Dadme mi armadura! ¿Cómo esta vuestra paciente, doctor?

Doctor: No tan enferma, mi señor, como atormentada por fantasías incesantes que no la dejan conciliar el sueño.

Macbeth: ¡Curadla! ¿De veras no podéis curar un espíritu enfermo? Quitad de su memoria un dolor enraizado, Borra el pesar inscrito en su cerebro, y con alguna panacea que haga olvidar tenéis que liberar su agobiado pecho de toda la ponzoña que la oprime el corazón.

Doctor: En casos de este tipo es el paciente, el único capaz de encontrar el remedio a su mal.

Macbeth: Entonces ¡Arrojad a los perros vuestras medicinas! No me son necesarias…

Vamos, ponedme la armadura; dadme el cetro…

Seyton, que partan... Doctor, todos los nobles me abandonan... Vamos, señor, daos prisa... Si pudieras, doctor, analizar la orina de mi tierra, descubrir su dolencia, y devolverle su buena salud de antaño con alguna purga, te aplaudiría hasta que el mismo eco te devolviera los aplausos... ¡Fuera!, os digo... ¿Qué ruibarbo[47], o qué droga purgaría de aquí a esos ingleses? ¿No has oído nada?

[47] Especie de planta que se introdujo desde China a Europa en el siglo XIV, se utilizaba por sus propiedades curativas.

DOCTOR: Algo sabemos por sus preparativos reales, señor.

MACBETH: Seguidme, nada temeré hasta que el bosque de Birnman se acerque a Dunsaine reposada? ¿No puede tu profesión el ponzoñoso relleno que atormenta la razón arrancar del corazón y cicatrizar el seno?

DOCTOR: En caso de estar lejos de Dunsaine, podría estar a salvo y jamás regresar, nadie podría obligarme.

ESCENA V

País cerca de Dunsinane (Estandartes y tambores) con un bosque a la vista.

MALCOLM, SIWARD EL ANCIANO, SIWARD HIJO, MACDUFF, MENTETH, CATHNESS, ANGUS, LENNOX, ROSS y SOLDADOS.

MALCOLM: Amigos míos, anhelo que llegue el tiempo en que sean seguros nuestros hogares.

MENTETH: No dudemos de ello.

SEYWARD: ¿Qué bosque se yergue ante nosotros?

MENTETH: El bosque de Birman, señor.

MALCOLM: Que cada soldado corte una rama Y sujeta la lleve en la mano. De este modo ocultaremos nuestras tropas y que se equivoquen los espias al informar sobre nosotros.

SOLDADO: Así lo haremos.

SEYWARD: Sabemos solamente que el desconfiado tirano permanece Confiado en Dunsinane y allí pondrá resistencia a nuestro asedio.

MALCOLM: Es su esperanza; allí se rebelan grandes y pequeños contra el cuando la ocasión es propicia. Y nada acudirá a servirle con excepción de los forzados Y los que tienen lejos los corazones.

MACDUFF: Que sea resultado de los hechos el juicio moderado, mientras queramos la bravura acorde a nuestros corazones de guerrero.

SEYWARD: La hora está próxima Que nos mostrará que cosas poseemos y que cosas debemos Con inequívoca precisión. La especulación de los pensamientos nos lleva a afirmar esperanzas inciertas.

ESCENA V

Dentro del castillo de Dunsinane.

MACBETH, SEYTON, SOLDADOS, tambores y estandartes.

MACBETH: Enarbolad los estandartes en el muro exterior Siempre la misma horda de gritos: «ya vienen».

Podrá la solidez de nuestro castillo reírse de su asedio Que se queden allí hasta que el hambre y la fiebre acabe con ellos si quienes deberían apoyarnos no estuviesen con ellos Habríamos salido a encontrarles cara a cara, llenos de valor. Y ya vencidos, forzarlos a retroceder. ¿Qué es ese ruido?

(Suenan dentro gritos de mujeres).

SEYTON: Son gritos de mujeres, bravo señor.

(Sale).

MACBETH: Ya casi había olvidado el sabor del miedo. Hubo un tiempo en el que oír gritos nocturnos Me habría erizado todos y cada uno de mis cabellos tal si fueran vivos, Ya estoy más que saciado de atrocidades. El horror tan familiar para mis pensamientos criminales ya no hace que me sobresalte.

(Seyton entra).

SEYTON: Señor, la reina ha muerto.

MACBETH: Había de morir un día u otro... El día de mañana, y de mañana, y de mañana se desliza, paso a paso, día a día, hasta la sílaba final con que el tiempo se escribe. Y todo nuestro ayer iluminó a los necios la senda de cenizas de la muerte. ¡Extínguete hacha fugaz! La vida es una sombra tan solo, que transcurre; un pobre actor que, orgulloso, consume su turno sobre el escenario para jamás volver a ser oído. Es una historia contada por un zopenco, llena de ruido y furia, y sin significado.

Entra UN EMISARIO.

Qué pronto hable tu lengua.

EMISARIO: Mientras cumplía mi turno de guardia En la colina, parecía que empezaba el bosque de Birnman a moverse.

MACBETH: ¡Miserable, debes estar mintiéndome!

MENSAJERO: Si no es cierto que sufra mi carne vuestra ira Se puede ver como avanza a tres millas de distancia Es un bosque ambulante.

MACBETH: Si no es cierto, te colgaré del árbol más cercano Hasta ser consumido por el hambre. Si es cierto lo que dices poco me importa que otro tanto hagas conmigo. Ya vacila mi ánimo, y comienzo a dudar del demonio y sus equívocos, pues miente cuando dice la verdad: no has de temer hasta que Birnam no venga a Dunsinane... y ahora un bosque se acerca a Dunsinane. ¡Adelante! ¡A las armas! Si todo ocurre como afirma, tanto importa Huir como permanecer. Comienzo a estar cansado ya del sol. Quisiera ver destruido el orden de este mundo... ¡Que suene la campana!... ¡Vientos, soplad! ¡Ven, destrucción, ven! Moriremos al menos con la armadura.

(Salen).

ESCENA VI

Llanura ante el castillo.

Entran MALCOLM, SIWARD EL ANCIANO, MACDUFF & c. con armas, trompetas y soldados con ramas.

MALCOLM: Ya nos vamos acercando, quitaos el follaje que os oculta Y mostraos tal y como sois de verdad. Vos, noble tío Junto a vuestro valeroso hijo habréis de dirigir esta batalla. Nosotros y el insigne Macduff nos ocuparemos del resto Siguiendo nuestros planes.

SEYWARD: Id con Dios, marchad para encontrarnos con las huestes del tirano. Y que caiga sobre nosotros su victoria si no combatimos con denuedo.

MACDUFF: Haced sonar las trompas marciales, dad vuestro aliento a todos esos emisarios de la muerte y la sangre clamorosa.

ESCENA VII

Otra parte de la llanura.

MACBETH. Luego SIWARD EL HIJO.

MACBETH:	Estoy atado a un potro y no puedo escapar Pero como un oso me enfrentaré al destino , si no es posible huir, lidiaré fuerte como el oso. ¿Dónde está ese que no nacido de mujer? A ese debo temer, a ningún otro.

(Entra SYWARD EL JOVEN).

SEYWARD EL JOVEN:	¿Quién eres?
MACBETH:	Saberlo te horrorizaría.
SEYWARD EL JOVEN:	Aunque fuera el nombre de la entidad demoníaca más abrasadora del infierno, no me amedrentaría.
MACBETH:	Bien, me llamo Macbeth.
SEYWARD EL JOVEN:	Ni el mismísimo demonio sería capaz de pronunciar un nombre tan odioso a mis sentidos.
MACBETH:	Ni tan temible.
SEYWARD EL JOVEN:	¡Mientes tirano monstruoso, fruto de las mayores depravaciones que en el abismo vicien a los hombres! mi espada probará cuan falsas son tus palabras.

(Pelean, y cae muerto SIWARD EL JOVEN).

MACBETH: Naciste de mujer. ¡Y yo me mofo de las espadas y cualquier otra arma blandida por aquellos que han nacido del vientre de una mujer.

(Sale. Suenan trompas y entra Macduff)

MACDUFF: Desde allí suena el rumor. ¡Muéstrate, tirano aborrecible! Si caes maltrecho y no es por mis espadazos Me perseguirán eternamente los fantasmas de mi mujer y mis hijos. No golpearé a un mercenario desgraciado que porta armas contra nosotros por cobrar una paga. Si no es contra ti. Macbeth, el filo intacto de mi espada, Solo volverá a su vaina. Por ahí debes estar ese gran estrépito parece anunciar la llegada de un lego importante. ¡Hados del destino concededme el favor de encontrarlo, no os pido nada más!

MALCOLM. SYWARD entran.

SEYWARD: Por aquí, mi señor, el castillo del déspota parece que sin resistencia se han rendido a los nuestros, sus hombres luchan en los dos campos, nuestros caballeros siguen combatiendo con admirable valor, La jornada se presiente vuestro, poco queda ya por hacer.

MALCOLM: Hasta nos topamos con enemigos que luchaban a nuestro lado.

SEYWARD: Entrad en el castillo, mi señor.

Entra MACBETH. Luego MACDUFF.

MACBETH: ¿Por qué debería imitar a los necios romanos y morir a manos de mi propia espada? Mientras vea hombres vivos, que ellos sufran las heridas.

MACDUFF: ¡Date la vuelta, perro del infierno!

MACBETH: De los hombres tu eres al que más rehuí Apártate de mí, no soporto más sangre de los tuyos sobre mi alma.

MACDUFF: Las palabras sobran en esta ocasión, mi espada son mis palabras Y tú el más sanguinario y maldito de lo que podrían expresar las palabras.

(Pelean).

MACBETH: Ahorra tus fuerzas, sería más plausible que hirieras con el agudo filo de tu férrea espada al viento invulnerable que hacerme que sangrar. Que tu espada caiga sobre más débiles contrincantes mi vida está bajo el poder de un hechizo que la hace inmortal frente a los nacidos de mujer.

MACDUFF: ¡No confíes en la inmundicia de tu hechizo y que el demonio al que todavía sirves Te cuente que yo, yo, Macduff, fui arrancado del vientre de mi madre antes de tiempo.

MACBETH ¡Sea maldecida la lengua que me habla así, y maldito sea su mensaje abate lo más grande de mi ser! Qué nadie vuelva a creer en los demonios impostores, con dobleces se burlan de nosotros, manteniendo promesas a nuestros oídos susurradas Sin llegar a cumplir nuestras esperanzas. No lidiaré contigo.

MACDUFF
Entonces, ríndete, cobarde; Vive para ser enseñado como grotesco espanto entre las gentes. Como hacemos con las más ignotos errores de la naturaleza, y maniatado a un poste te pondremos ¡Este es el tirano!

MACBETH
No cederé ante ti para besar la misma tierra que pisará el joven Malcolm, ni para soportar las humillaciones de la plebe Aunque el bosque de Birnam haya venido a Dunsinane y te halla tú frente a mí, tú, que no has nacido de mujer, lucharé hasta el final. Delante de mí arrojo mi escudo de guerrero. ¡Ponte en guardia, Macduff, y que caiga la maldición sobre el primero que diga basta!

(Siguen combatiendo y Macbeth es herido de muerte. Tocan a retirada).

Entran Malcolm, SYWARD. ROSS. Caballeros y SOLDADOS.

MALCOLM:
Ojalá nuestros amigos vuelvan a salvo, hay algunos que nos faltan.

SEYWARD:
Ya han partido algunos del campo de batalla, Pero por lo que ven mis ojos Muy bajo nos ha salido el precio por tan glorioso día.

MALCOLM:
Macduff y vuestro valiente hijo faltan.

ROSS: Vuestro hijo, señor, ha pagado su tributo en la batalla. Solo vivió lo justo para hacerse hombre, su valor así nos lo había demostrado en el puesto en el que combatía sin retroceder hasta que murió como mueren los hombres de verdad.

SEYWARD: ¿Cómo, ha muerto mi hijo?

ROSS: Así es, mi señor, y llevado fuera de la batalla. Si vuestro dolor hubiese de medirse de acuerdo con su valentía no tendría fin.

SEYWARD: ¿Le mataron de frente?

ROSS: Sí, cara a cara…

SEYWARD: ¡Sea desde ahora un guerrero de Dios! Si como abundante es mi cabellera fuera yo en hijos abundante A ninguna desearía una más bella muerte. Ha sonado su hora de fenecer.

MALCOLM: Merece mis lágrimas, por él las derramaré.

SEYWARD: Son suficientes. Si ha muerto, como dicen, con dignidad, pagado el tributo, que sea Dios con él… Aquí llega una nueva razón para la felicidad.

LOS MISMOS. MACDUFF entra con la cabeza de MACBETH.

MACDUFF: Salve, rey, pues eso es lo que eres, Traigo aquí la cabeza del malvado déspota, el usurpador Del trono. Ahora el mundo es libre. Te veo rodeado por los más selectos de tu reino deseo que junto conmigo saluden en su interior y que conmigo repitan en voz alta:

¡Salve, rey de Escocia!

TODOS: ¡Salve, rey de Escocia!

(Clarines).

MALCOLM: No haré que pase el tiempo sin agradeceros el amor que nos profesáis. Por este acto, caballeros, os nombro condes, los primeros en Escocia con este gran honor. Hay más cosas por hacer, que según las nuevas circunstancias a su tiempo se llevarán a cabo, como llamar a nuestros amigos exiliados para que regresen a sus hogares ya sin temor a la insidia y a la tiranía, o llamar a comparecer a los verdugos que hicieron los actos execrables que ese tirano y su reina infernal les mandó. Parece ser que esa reina con la fuerza de sus propias manos se quitó la vida. Todo esto que nos incumbe, señores, lo ejecutaremos en el tiempo y lugar adecuados, por la gloria de Dios. Os estamos en suma agradecidos a cada uno de vosotros, y os invitamos a Scone para celebrar nuestra coronación.

(Sonido de clarines, todos salen).

FIN DEL DRAMA.

WILLIAM SHAKESPEARE

El sueño de una noche de verano

I.S.B.N.: 978-84-1136-126-2

Sumérgete en el mágico mundo de *El sueño de una noche de verano*, una comedia encantadora de William Shakespeare que te transportará a un bosque donde las pasiones humanas se entrelazan con el reino de las hadas. Con enredos amorosos, personajes cómicos y situaciones hilarantes, esta obra maestra te invita a explorar los caprichos del amor y la fantasía en una noche donde nada es lo que parece. Descubre cómo el destino y el poder de la imaginación convergen en una trama llena de romance, humor y encanto, que sigue cautivando a lectores de todas las edades a lo largo de los siglos.